★ 二战风云人物 ★

朱可夫

李正军◎著　于之伟　郭岭松◎主编

中国华侨出版社

图书在版编目(CIP)数据

朱可夫 / 李正军著.—北京：中国华侨出版社，2015.3
(二战风云人物 / 于之伟，郭岭松主编)
ISBN 978-7-5113-5256-9

Ⅰ.①朱… Ⅱ.①李… Ⅲ.①朱可夫(1896~1974)-生平事迹 Ⅳ.①K835.125.2

中国版本图书馆 CIP 数据核字(2015)第044971号

二战风云人物：朱可夫

著　　者 / 李正军
责任编辑 / 严晓慧
责任校对 / 孙　丽
经　　销 / 新华书店
开　　本 / 787毫米×1092毫米　1/16　印张/19　字数/260千字
印　　刷 / 北京军迪印刷有限责任公司
版　　次 / 2015年5月第1版　2020年5月第2次印刷
书　　号 / ISBN 978-7-5113-5256-9
定　　价 / 68.00元

中国华侨出版社　北京市朝阳区静安里26号通成达大厦3层　邮编:100028
法律顾问:陈鹰律师事务所
编辑部:(010)64443056　64443979
发行部:(010)64443051　传真:(010)64439708
网址:www.oveaschin.com
E-mail:oveaschin@sina.com

前言

　　第二次世界大战，是迄今为止人类历史上最为惨痛的一场浩劫，给整个世界造成了巨大的灾难。据估计，死亡人数超过 6000 万，各类损失超过 40000 亿美元。在这场关系到人类前途和命运的斗争中，正义力量最终取得胜利，人类文明得以延续，和平得以恢复。

　　从和平到来的那一刻起，人们就开始不断反思与战争有关的一切，试图寻找制止人类自相残杀的方法和途径。时至今日，第二次世界大战结束已经整整 70 年了，这种反思还在继续。令人遗憾的是，以人类现有的历史智慧，不仅没有找到彻底消弭战争的方法，而且随着世界政治格局的进一步发展，全球各地的军事冲突不断，战火频仍，甚至在个别地区有愈演愈烈之势。有人甚至担心，是否会爆发新的世界大战！

　　事实上，这种担心是完全没有必要的。

二战造成的影响极为深远，涉及政治、经济、文化、科技等各个领域，给世界带来了天翻地覆的变化。特别是东西两大对立阵营的出现，彻底改变了近两百年来由资本主义支配世界的格局。随着苏联的解体，表面上这种对立已不复存在，但它所留下的阴影仍然存在于全球各个角落，当代世界全局性矛盾的焦点仍然集中于此。不过，经过战后70年的历史演变，人们基本可以形成这样一个共识：任何一方都不可能通过军事手段一举消灭对方，并存和互相竞争的局面已经形成。换句话说，就是从政治、经济、文化等诸方面较量彼此实力和影响力等手段已经成为世界范围内竞争的主流。军事手段虽然没有被完全抛弃，但是爆发世界大战的可能性微乎其微，基本可以忽略不计。

正值二战胜利70周年之际，我们策划、出版这套《二战风云人物》丛书的目的也在于此。丛书共10册，收入了二战期间"同盟国"和"轴心国"将领各5人，分别是：艾森豪威尔、巴顿、麦克阿瑟、朱可夫、蒙哥马利、隆美尔、邓尼茨、曼施泰因、古德里安和山本五十六。丛书没有止于对人物在二战期间经历的单纯记述，而是从宏大的历史战争画卷入手，就人物的性格、军事指挥艺术以及世界潮流发展进行深入分析与阐释，总结得出一个结论：邪恶势力或许凭借个人能力或物质基础而嚣张一时，但最终都无法改变正义必将战胜邪恶这一亘古不变的真理。

愿战争不再，和平永驻。

鉴于水平有限，丛书中难免会出现疏漏或错误，敬希读者批评指正。

目录

第一章 | 苦难童年　作坊学徒
苦难的童年 / 003

毛皮作坊当学徒 / 011

第二章 | 初入军营　崭露头角
投身沙俄军营 / 023

加入骑兵第10师 / 029

当选连士兵委员会主席 / 031

第三章 | 参加红军　保卫祖国
光荣参加红军 / 037

加入布尔什维克 / 042

第四章 | 指挥有方　连连升职
成为骑兵连一名排长 / 049

获得英勇的"红旗勋章" / 053

升任布祖卢克团团长 / 058

努力学习军事理论 / 063

军事生涯的转折 / 072

第五章 | 哈勒欣河 声名远播

巴英查岗山之战 / 085

哈勒欣河大胜日军 / 094

基辅特别军区司令员 / 099

第六章 | 临危受命 稳定战局

担任红军总参谋长 / 113

苏德战争爆发 / 119

危难之中稳定西南战局 / 124

西方方面军全面溃败 / 130

第七章 | 列宁格勒 保卫苏联

意见相左,调往前线 / 139

"救火"列宁格勒 / 144

克服困难,不辱使命 / 148

第八章 | 保莫斯科 大败德军

莫斯科保卫战 / 159

临危受命，统领西方方面军 / 164

莫斯科危急 / 168

粉碎德军的第二次强攻 / 171

莫斯科保卫战的胜利 / 174

第九章 | 乘胜追击 连挫德军

斯大林格勒会战 / 183

反攻战役的初试 / 191

库尔斯克会战 / 204

第十章 | 大举西进 反攻德国

大举西进，解放乌克兰 / 219

向西不断挺进 / 226

巴格拉季昂战役 / 229

杀奔维斯瓦河 / 234

一路向西 / 239

乘胜追击 / 243

第十一章 | 攻克柏林 接受投降

攻克柏林 / 257

受降仪式 / 269

庆祝胜利 / 274

国家利益与私人友谊 / 277

第一章

苦难童年 作坊学徒

苦难的童年

正如苏联大多数元帅那样，朱可夫不是出身于官宦世家或者豪门贵族，而是降生在了一个普普通通的贫民之家。俗话说："穷人的孩子早当家。"这种艰苦的成长环境，虽然没有能够给朱可夫提供舒舒服服的生活和无忧无虑的童年，但是却能够有助于朱可夫塑造强健的体魄和健全的人格，从而为朱可夫一生的发展打下坚实的基础。

19世纪后期的俄罗斯，仍然是个以农业为主的国家，幅员辽阔但并不富裕。1896年俄历11月19日（公历12月1日），在俄罗斯帝国卡卢加省斯特列尔科夫卡村那片苦难的土地上，一座破旧的房子中传出了婴儿出世的哭声。淳朴的乡亲们纷纷上门道贺，祝愿这孩子平安长大，将来支撑起一个穷困但能免于饥寒的家。这时候距十月革命还有整整21年光景，农民们能够设想的祝福也仅限于此了。他们做梦也想不到，就是这个名叫格奥尔基·康斯坦丁诺维奇·朱可夫的男孩儿，会走出生满青苔和绿草的农家小屋，将自己的赫赫威名通过惊天动地的炮声，传遍世界的每一个角落，在战争史的星空中熠熠生辉。

自古雄才多磨难，从来纨绔少伟男。小朱可夫的家世无人知晓，因为他的生身父亲康斯坦丁·朱可夫就是一个可怜的弃婴。为了生存，年幼的康斯坦丁进入乌戈德制鞋厂，当起了学徒。当时在俄罗斯，想学手艺谈何容易！康斯坦丁说是当学徒，实际上主要是干家务活，替老板抱孩子、喂牛、打扫卫生。三年后，他出师了，也积累了一定的经验。10来岁的康斯坦丁四处找活干，几经周折，终于在莫斯科的维伊斯制鞋厂找了一份工作，在这儿，他学到了安身立命的鞋匠手艺。

像大多数手艺人一样，康斯坦丁任劳任怨，努力地干活，时不时地还会回到斯特列尔科夫卡村去参加农业劳动。直到40多岁的时候，康斯坦丁才结了婚。但命运之神对贫苦之人从来就没有一点怜悯之心，婚后不久，他的妻子便因病去世了。

邻村黑泥庄有一个叫乌斯季尼娅·阿尔捷米耶芙娜的姑娘，她的遭遇和康斯坦丁出奇地相似。她的丈夫也在婚后不久因病死去了。乌斯季尼娅家也十分贫困，但她身体很强壮，能不费劲地扛起5普特（1普特=16.38千克）重的一袋粮食走好远一段路。朱可夫在《回忆与思考》中是这样描述母亲的：

"母亲身体很强壮，她能不费气力地扛起5普特重的一袋粮食走好远一段路。据说，她身强力壮，是因为她父亲——我外祖父阿尔乔姆的体力好。我外祖父能钻到马肚子下面一头把马顶起来，还能攥住马尾巴，一把把马拉得蹲坐地上。"

经过亲朋好友的介绍，康斯坦丁与乌斯季尼娅相识了。相同的经历让两颗心越贴越近。不久之后，他们便操办了一场简简单单的婚礼。结婚那年，康斯坦丁已经50岁，乌斯季尼娅也35岁了。朱可夫的父母都是二婚，同时前面的那段婚姻又都没有孩子。他们的第一个孩子是个女孩，名叫玛莎，比朱可夫大两岁。他们的第二个孩子，就是本书的主人公——格奥尔基·康斯坦丁诺维奇·朱可夫。朱可夫的名字叫叶戈尔，他5岁时，又有了一个弟弟，叫阿列克谢。因生活贫困，小弟1岁就夭折。那时卡卢加省的农民生活是很苦的，地少而薄，连糊口都无法做到。

朱可夫降生后不久，康斯坦丁便匆匆离开了家，再次到莫斯科打零工去了。乌斯季尼娅独自一人带着一双儿女，生活十分艰苦。村里有几家富农，他们的生活比较舒适，房屋宽敞明亮，院子里牛、羊、鸡、鸭成群，粮仓里堆满了米和面。与村里大多数的贫苦农民一样，乌斯季尼娅干完自己家地里的活，便到富农家里帮工。富农给贫苦农民的报酬极其微薄，有时给点粮食，有时给点饲料，有时甚至只给一些种子。

虽然朱可夫的父亲长年在外做皮匠活赚钱，但康斯坦丁打零工的收入远远不足以维持一家人的生活。朱可夫一家仍然入不敷出。为了有口饭吃，朱可夫的母亲也常常外出帮人运送货物。每年的春夏和秋初，她都在田地里干活；而每年其他的时间里，她则去马洛亚罗斯拉维茨县城，帮人把食品、杂货运送到乌戈德厂的商人那儿。尽管很辛苦，但运送一趟，也仅仅能获得一个卢布至一个卢布零20个戈比的报酬。这点钱，扣除马料、店钱、饭钱、修鞋钱等，也就所剩无几了。但是，作为贫农的他们根本没有什么更好的谋生手段。

实际上，斯特列尔科夫卡村大部分妇女都和乌斯季尼娅一样，毫无怨言地把幼小的孩子扔给年迈的爷爷、奶奶照看，自己顶着寒风，在泥泞的道路上跋涉，从县城马洛亚罗斯拉维茨或港口城市谢尔普霍夫等地给别人运货，赚取微薄的运费。

朱可夫的童年便是在等待父亲或母亲回家之中度过的。每当他们回家的时候，或多或少会给孩子们带一点吃的东西，要么是小面包圈，要么是甜饼干。朱可夫在《回忆与思考》中曾这样描述自己当时的心情："每当母亲从马洛亚罗斯拉维茨给我们带点小面包圈或甜饼干时，我们都十分兴奋！如果她能赶在过圣诞节或复活节之时存点钱给我们买几个馅饼，我们更是高兴得不得了了。"

正所谓"屋漏偏逢连夜雨，船迟又遇打头风"，这句话用在康斯坦丁一家的身上十分合适。上帝似乎是在故意折磨朱可夫一家。在朱可夫的弟弟——阿列克谢夭折的当年，一场暴雨过后，他们居住的房子因年久失修，屋顶坍塌了下来，这对靠这间房子来遮风避雨的一家人来说无异于天大的灾难，所幸的是没有伤到人。

当时，朱可夫的母亲痛哭了一场，然后擦干眼泪，用嘶哑的声音说："孩子啊，房子不能住了，我们把东西都搬到草棚里吧。"朱可夫的父亲还砌了一眼小灶，打算就在草棚里安家了。好在乡村民风淳朴，邻里之间友好互助。在邻居们的帮助下，朱可夫一家总算将房子盖了起来。虽然房子的门是旧木板钉的，窗户装的是破玻璃，但是他们全家都很知足，毕竟有了一个可以抵御严寒侵袭的安身之所。

朱可夫的母亲为了安慰大家，乐观地说："这样就挺好。等我们有了钱，再盖一幢好的。"

现在再来审视朱可夫，我们有理由相信，朱可夫母亲的这种乐天知命、永不气馁的精神，使幼年的朱可夫受到了潜移默化的影响，帮助其在后来的军事生涯中成功克服了一个又一个难以战胜的困难，扭转了一个又一个濒于绝境的危局。

这年的冬天来得特别早，而且年景也不好，家里的粮食只够吃到12月中旬，还有好几个月的缺口。康斯坦丁和乌斯季尼娅拼命地干活，但他们挣来的钱连温饱都难以维持，还要按月还房架的贷款。贫苦的农民有着在困苦之中相互扶持的优良传统，俄罗斯的农民也不例外。那一年冬天，乡亲们时常会给康斯坦丁一家送点菜汤和粥。玛莎和朱可夫总算在温饱之中安全地度过了寒冷而漫长的冬季。

冬去春来，家里的情况有些好转了。村旁边的奥古勃梁卡河水很浅，但有很多鳊鱼、鲈鱼和冬穴鱼。朱可夫经常和小伙伴们到河边抓鱼。有时，他们还会穿过村北的桦树林，到米哈列夫山间的普罗特瓦河去捉鱼。

桦树林里长着不少草莓和野杨梅，夏末季节还会生出一地的蘑菇。草莓和野杨梅是小伙伴们最好的水果，蘑菇则被采回家，做成了可口的菜肴。桦树皮也是宝贝，附近的农民都会到这里来剥树皮，做成一种被称为"出门穿的方格鞋"的树皮鞋。碰到运气好的时候，朱可夫可以抓到很多鱼。父母便会拿出一些分给邻居们，感谢他们对自己的帮助。

夏季的一个夜晚，朱可夫一家一边在院中乘凉，一边闲聊着。朱可夫的父亲看到朱可夫渐渐长大了，就语重心长地对他说："孩子，眼看你快7岁了，也该做点事情了。我像你这么大的时候，已经可以做大人的活了。明天，我和你妈妈去割草，你也带上耙子，和你姐姐玛莎一起摊草、晒草和垛草。"

听完父亲的话，朱可夫显然激动不已，抬头望着星空，幻想着第二天割草的事。朱可夫心中充满了自豪感，因为自己就要参加劳动了。他感到非常自豪，因为他已经是一个对家庭有用的人了。

第二天一早，朱可夫便兴冲冲地和姐姐玛莎一起爬上了父亲套好的马车。

康斯坦丁的心情非常愉快，一路哼着小调。朱可夫和玛莎一路上不停地和村子里的小伙伴们打着招呼。一路上，看到小伙伴们也都拿着耙子坐在大车上赶去割草，朱可夫和他们都举起了耙子，互相炫耀着，好像刚领到枪支的士兵一样，兴奋不已。

朱可夫干起活来很卖力。大人们夸奖了两句，朱可夫就更来劲了。很快，朱可夫的手掌便磨出了血泡，可他一直咬牙忍着，不叫一声苦。后来，血泡磨破了，朱可夫不能再割草了。

父亲给朱可夫包扎好双手，安慰他说："没关系，很快就会好的。男子汉大丈夫，吃这点苦不算什么。"

由于不能用耙子了，朱可夫只好帮姐姐玛莎抱草和垛草，为此还被小伙伴们取笑过。几天过后，朱可夫的手好了，又开始割草了，而且比小伙伴们干得还好，这回，小伙伴们对朱可夫佩服不已。

割麦子的时候到了，乌斯季尼娅对儿子说："孩子，你要学学割麦子了。我在城里给你买了一把新镰刀，明天早晨我们就去割黑麦。"（黑麦是北半球广泛种植的一种谷类作物，抗寒力强，生长范围可至北极圈。由于气候寒冷，俄罗斯农民大多种植黑麦，用黑麦粉来制作面包。因黑麦粉颜色发黑，全部用黑麦粉做的面包被称为黑面包。）割了一段时间的草，朱可夫干起活来已经有板有眼了。为了表现自己，朱可夫抢着往前赶，却不小心割破了左手的小拇指。邻居大婶当时正在他旁边，看到他受伤了，赶紧摘了一片车前草叶子贴在他的手指上，然后细心包扎好。尽管处理得很及时，但还是留下了一块小伤疤，这也算是朱可夫成长的印记。后来，每当他看到这块伤疤便会想起童年时的鲁莽，同时也会想起母亲的慈祥与邻居们的热情。

对于朱可夫而言，这个忙碌的夏季很快就过去了，但也让他学会了很多农活，让他的身体变得强壮起来。

转眼间到了1903年的秋季，朱可夫已经7岁，该去读书了。朱可夫就读的是一所位于维利奇科沃村的教会小学，距离斯特列尔科夫卡村只有一公里半，附近几个村子的孩子都在这儿读书，其中包括他最好的朋友列什卡·科洛特尔内。

朱可夫的老师谢尔盖·尼古拉耶维奇·列米佐夫教书很有经验，对待学生也很和善。他从不随便惩罚学生，也很少训斥学生，但学生们都很尊重他，也都愿意听他的话。朱可夫学习成绩一直很优秀，他的嗓子很好，被吸收到学校的合唱队。朱可夫在成人之后，常常以十分感激的心情怀念这位老师，感谢他引导自己热爱读书。

通过读书，朱可夫懂得很多道理，他说话也渐渐在家中有了分量。玛莎学习不好，在二年级留级了。朱可夫的父母亲也和中国旧社会的许多父母一样，认为女孩无才便是德，于是决定不让她上学了，要她留在家中做家务活。玛莎伤心地哭了。朱可夫替姐姐申辩说，她之所以留级，就是因为让她留在家里干活太多了，他还旁征博引说，别人家的父母也下地干活，也外出拉脚，但谁也没有以此为理由把女儿拴在家，都支持女儿学下去。父母最终被说服，同意玛莎继续上学。玛莎对弟弟很感激，朱可夫也有了一种长大了的感觉。

朱可夫除了上课听老师讲课，获取一些知识外，还特别希望多知道一些国内外大事和时事知识。村子里有一个茶馆，是一个财主开的。村民们，特别是年轻人，都爱到茶馆喝茶。借此机会，说说新闻，打打扑克，高兴了还可以喝上两盅。在朱可夫的央求下，父亲常带他去那里喝茶。这是朱可夫最高兴的时候。他坐在大人们当中，听他们谈论关于莫斯科和彼得堡的各种趣闻，听乡村"政治家"们谈论各种政治主张和"小道消息"，使他大大开阔了眼界。从他们和在城里打工的乡亲们口中，朱可夫和村民们得知莫斯科发生了政治大罢工、街垒战斗和十二月武装起义；得知工人起义遭到了沙皇的残酷镇压。那时，朱可夫第一次听到列宁的名字，知道他是工人、农民利益的代表者，是布尔什维克党的领袖。这对朱可夫幼小心灵的影响是巨大的。正如朱可夫后来所说，"我们村的形势没有发展到农民起义那种地步，但引起的震动是很大的"。朱可夫不仅从课堂上学习，而且从社会这个大课堂汲取丰富的营养。在第二次世界大战这个大舞台上，朱可夫总是"眉头一皱，计上心来"，而且他的"花花点子"，总是出人意料，这与他丰富的经历是分不开的。

朱可夫在学校是个好学生，在家里也是个好孩子。不过，他很固执，因此有时也会受到父亲的责罚。朱可夫是个爱动的孩子。一有空，就把自己置身在大自然的怀抱中。冬天，没有家务事的时候，他常去捉鱼，有时还穿上自制的冰鞋到奥古勃梁卡河上溜冰，或去米哈列夫山上滑雪。不过，朱可夫最喜欢的是打猎。茶馆有个跛脚的跑堂，人称瘸子普罗什卡，他腿虽然瘸，却十分喜欢打猎。普罗什卡常常带朱可夫去打猎，当地野鸡、野兔特别多，普罗什卡又百发百中，每次总是满载而归。引出猎物—击中猎物—收获猎物这一系列"战斗"过程，使朱可夫如痴如醉。60年后，朱可夫说："我至今还非常喜欢打猎，这可能与普罗什卡在我童年时就培养我打猎的兴趣有关。"

毛皮作坊当学徒

1906年，朱可夫在三年制教会小学的学业结束了。由于三年里每次考试都是优秀，在毕业典礼上，老师给他颁发了一张奖状。看着儿子这么有出息，康斯坦丁和乌斯季尼娅都十分满意。为了表示祝贺，乌斯季尼娅亲手给他做了一件新衬衫，康斯坦丁则为他制作了一双皮靴。

康斯坦丁把崭新的皮靴递给朱可夫，高兴地说："现在你是有文化的人了，可以到莫斯科去学手艺了。"实际上，朱可夫只有10岁，还是一个孩子。乌斯季尼娅心疼儿子，不想让他过早地接触艰辛的生活，便劝慰丈夫说："让他在乡下再住一年，长大一点再进城找工作也不迟。"就这样，小学毕业后的朱可夫便留在了村里，帮助父母干一些力所能及的活计。乌斯季尼娅依旧时常出去帮人运货，康斯坦丁依旧做着皮匠活。但他们挣到的钱都很少，尤其是康斯坦丁，因为乡亲们都很穷，穿不起皮靴。乌斯季尼娅为此时常抱怨丈夫，说他工钱要得太少了。每当康斯坦丁多挣几个钱的时候，全家人都十分开心。他还会乐呵呵地到乌戈德厂去喝上几杯，然后带着醉意回家。朱可夫和姐姐玛莎在这个时候便会兴奋地迎上去，因为康斯坦丁总爱给孩子们带点好吃的东西，诸如小面包圈或糖果之类的。

冬天，没有什么家务事的时候，朱可夫或去捉鱼，或穿上自制的冰鞋到奥古勃梁卡河上溜冰，或去米哈列夫山滑雪。一家人过着艰辛而又幸福的生活。

有人问乌斯季尼娅："嗨，你打算什么时候把叶戈尔送到莫斯科去？"

乌斯季尼娅有些伤感，又有些不舍地说："等集市后再送他走吧。"

斯特列尔科夫卡村所在的地区每年在"三一节"之后的一个星期要举行大规模的集市贸易活动，乌斯季尼娅想让儿子再感受一次家乡的味道。

20世纪初的俄国，国内经济急剧下降，人民的生活每况愈下，特别是广大农民，在富农的压榨下，处于饥寒交迫之中。为了寻找一线生机，农民经常把自己的孩子送进城里学点手艺，朱可夫的父母也有同样的考虑。

父亲问朱可夫想学什么手艺。朱可夫说想学印刷。但由于没有熟人介绍进印刷厂而未能如愿。朱可夫诚恳地告诉父亲，他什么工作都愿意干，只要对家里有益就行。乌斯季尼娅决定找他的兄弟米哈伊尔帮忙。米哈伊尔·阿尔捷米耶维奇·皮利欣是朱可夫的舅舅。这年7月，他从莫斯科回到故乡黑泥庄避暑。米哈伊尔11岁时就进入毛皮作坊当学徒了。四年半后，他成了师傅，省吃俭用，一点点地积攒了一笔钱，开了一个小作坊。米哈伊尔是一个出色的毛皮匠兼皮货商人。他很快就扩大了作坊的规模，雇用了8名毛皮匠和几个学徒。

几天之后，乌斯季尼娅到弟弟米哈伊尔避暑的黑泥庄去找他，求他收朱可夫为学徒。回来后，康斯坦丁忙不迭地问道："怎么样？皮利欣提出了什么条件?"

乌斯季尼娅叹了口气说:"他要见见朱可夫本人。按老规矩,做四年半的学徒,然后当工人。有什么法子呢!过两天,你就领朱可夫去见见米哈伊尔吧。"

两天以后,朱可夫在父亲的带领下到了黑泥庄。快到米哈伊尔家时,康斯坦丁对儿子说:"看,坐在门口的就是你未来的老板。你走到他跟前时,要先鞠个躬,说声'您好,米哈伊尔·阿尔捷米耶维奇'。"

朱可夫反驳道:"不,我应该说米沙(米哈伊尔的昵称)舅舅您好!"

康斯坦丁耸了耸肩,坚决地对他说:"不,你要忘掉他是你的舅舅,他是你未来的老板。阔老板是不喜欢穷亲戚的。千万记住这一点。"

米哈伊尔躺在门口台阶上的一张藤椅上。康斯坦丁走近台阶向他问好,然后把朱可夫推到前面去。他没有搭理康斯坦丁的问候,眼睛一直盯着朱可夫看。

朱可夫按照父亲的吩咐,对他深深躬了躬腰,礼貌地说:"您好,米哈伊尔·阿尔捷米耶维奇!"

米哈伊尔点了点头,回答说:"嗯,你好,小伙子!怎么,你想当毛皮匠吗?毛皮匠这个行当不错,就是苦些。"

朱可夫非常不喜欢这个舅舅,他没有回答米哈伊尔的问话。康斯坦丁见状,急忙在一旁帮腔道:"他不怕吃苦,从小就劳动惯了。"

米哈伊尔伸了伸懒腰,又问道:"识字吗?"

康斯坦丁忙把朱可夫小学毕业获得的奖状递给他看。"好样的!"米哈伊尔高声赞道,然后回头向屋里喊,"喂,你们这些笨蛋,快到这里来!"

两个衣着考究的胖乎乎的孩子从里面走出来,这两个是米哈伊尔的儿子亚历山大和尼古拉。米哈伊尔指着朱可夫的奖状，对他们说："小强盗们，你们看看，应当像人家这样学习。你们总是得三分！"

训完儿子，米哈伊尔对康斯坦丁说："就这样吧，我收你儿子为学徒。他很结实，看起来也不笨。我在这里住几天就回莫斯科，但是我不能带他一道走。我妻弟谢尔盖过一个星期去莫斯科，让他把你儿子带去好了。"从此，朱可夫跟着他干了8年。尽管朱可夫的童年生活十分贫苦，但是他的父母和姐姐是那么爱他，他也因此感到了家庭生活的幸福。

1907年夏天，朱可夫离开家乡，前往米哈伊尔在莫斯科的毛皮作坊。朱可夫第一次出远门，他那时外出的行李很简单，只有两件衬衣、两副包脚布和一条毛巾。临行时，乌斯季尼娅还给儿子的包裹里塞了5个鸡蛋和几块饼，让儿子在路上吃。按照俄罗斯的传统，全家人为朱可夫做了祈祷，又在长凳上坐了一会儿。乌斯季尼娅把儿子紧紧地搂在怀里，伤感地说："好吧，儿子，上帝保佑你。"

说完，她就大声地哭了出来。年迈的康斯坦丁也红了眼圈，眼泪不住地往下淌。朱可夫的鼻子也酸酸的，眼泪止不住地往下流，还差点儿哭出声来。朱可夫同家人一一告别之后，便在母亲乌斯季尼娅的陪伴下往黑泥庄走去。

到了黑泥庄，乌斯季尼娅把儿子交给了谢尔盖，便流着泪离开了。她实在不忍心看着儿子乘火车离开的情景。朱可夫和谢尔盖刚坐上火车，外面就下起了倾盆大雨。在狭窄拥挤的三等车厢内，人头攒动，散发出一股难闻的气味。雨越下越大，车厢内也越来越暗，只有一根蜡烛发出昏黄色的光亮。

这是朱可夫第一次坐火车，心中十分新鲜。他一直趴在车窗旁，观看窗外灯光闪烁的工厂及城镇，他由衷地感到，世界真广阔，真奇妙。一路上，朱可夫饶有兴致地与邻座的一个老人闲聊着。老人用忧伤的嗓音给他讲述了自己一生悲惨的经历。朱可夫听了唏嘘不已。黎明时分，火车到站了。莫斯科车站的一切让朱可夫惊奇不已。熙熙攘攘的旅客们争先恐后地往出口处挤去，行李杂物互相碰撞着。谢尔盖告诫他说："这里不比你们乡下，要处处小心。"朱可夫点了点头。随后，谢尔盖便领着他坐上了一辆马车，朝繁华的市中心驶去。那时的车站和周围很破旧。木头房子又矮又破，路面坑坑洼洼，到处是泥水和垃圾以及衣衫褴褛的人们和横七竖八躺在地上的醉汉，空气中弥漫着一股难闻的臭气。这是朱可夫所没有想到的。然而，当马车走过市中心的时候，只见到处是高大的房屋，华丽的商店，豪华气派的马车以及衣冠楚楚的人群。这一切使朱可夫惊奇不已，他不理解一个城市里竟有这样两种迥然不同的世界。

马车在卡美尔格尔巷口停了下来。米哈伊尔的作坊在季米特洛夫大街（后称普希金街）卡美尔格尔的巷口（后称艺术剧院胡同）里。朱可夫是最小的徒弟，他的职责是打扫房间，为大小主人擦鞋、点灯、熄灯，帮厨师洗餐具和生茶炉子，还要经常帮师傅们外出买烟、打酒。徒工处于作坊里的最下层，十分辛苦。朱可夫说："徒工们经常是早晨6点钟起床。我们很快地洗完脸，就去收拾作坊，准备好师傅们工作所需要的一切。晚上等打扫完毕，为第二天作好准备后，要到11点钟才能睡觉。就睡在作坊里的地板上，天很冷的时候，才让睡后门楼道里的高板床。"不仅工作劳累，还要挨师傅的打，挨工头的打，挨老板娘的打。当然，更多的是挨老板的打，当老板不高兴的时候，他会毫无道理地痛打徒工一顿。

如果朱可夫是成年人，这些也许还可忍受，但朱可夫仅仅11岁，他所遭受的磨难是可想而知的。起初，朱可夫累得晚上直呻吟，实在受不了。他很想家，想过去的一切。徒工要到第四年才给几天假回家探亲，朱可夫觉得，这个时间好像永远也不会到来了。但是，他很坚强，也很有韧性，逐渐适应了作坊里的生活。平日里，他勤奋地跟着师傅们学习各种技艺；星期六，他和其他学徒工跟着库兹马到礼拜堂做彻夜祈祷；星期日则要做晨祷和弥撒。每逢大的节日，老板还领他们去克里姆林宫的乌斯平斯基大教堂做弥撒。

一年过去后，他顺利地学会了毛皮匠的初步手艺。到第三年，朱可夫当上了徒工的工头。

尽管生活很苦很累，他仍然挤时间读书，并以此作为人生最大的乐趣。老板有两个儿子，亚历山大和尼古拉。亚历山大对朱可夫还算好，帮助朱可夫读书。朱可夫和亚历山大互相勉励，二人的知识突飞猛进地增长着。米哈伊尔对这个外甥非常满意，尽管他看起来又穷又寒酸，自己偶尔还会赏他几个耳光。他曾当面赞誉儿子和外甥道："干得不错，小伙子们！你们干的是好事。"

受到老板的赞赏，朱可夫学习的劲头更足了。他决定利用业余时间到相当于中学文化水准的夜校去学习。在亚历山大和尼古拉的帮助下，米哈伊尔答应让朱可夫在不影响工作的前提下到夜校去读书。每天晚上收工之后，朱可夫都到夜校去上课。

在亚历山大的帮助下，朱可夫阅读了长篇小说《护士》、柯南·道尔的《福尔摩斯》等许多惊险小说，还阅读了大量科普读物。后来，他意识到这些东西尽管很有趣，但没什么教益，便开始进一步学习俄语、数学、地理以及一些通俗科学读物。当然，学习是"地下"活动，主要是利用老板不在家的时候和星期日学习。厕所里有一只小电灯，他的功课都是在夜间爬到高板床上借厕所光线做的。他开始关注一些政治问题。他经常拾师傅们读过的报纸看，从垃圾堆捡杂志看。有时老板派他到莫斯科南岸去送货，给了几个戈比的车马费，他就一路小跑去，把钱省下来买书看。最后，他参加了市立中学的全部课程考试，成绩很好。

1910年至1912年，俄国的革命形势发展很快。莫斯科、彼得堡和其他工业城市罢工浪潮此起彼伏。大学生们也经常举行集会和游行。朱可夫对形势很关心，他千方百计找进步报纸看。他的好友桑德尔·伊万诺维奇·科列索夫有时能搞到布尔什维克的《明星报》和《真理报》。朱可夫百看不厌。他从这些报纸上知道了为什么工人与资本家之间、农民和地主之间的矛盾是不可调和的，并证明了工人和农民有着共同的利益。朱可夫不但自己学习，而且开始宣传，特别是利用回家的时间向农民宣传。

1912年是朱可夫在毛皮作坊里做学徒的第四个年头。此时，朱可夫已经从刚进作坊时的小男孩长成了一个16岁的大小伙子，身体很结实。米哈伊尔也越来越倚重他了。那一年，老板米哈伊尔带着朱可夫去参加了著名的下诺夫哥罗德集市。朱可夫的职责主要是给已售出的货物打捆，到伏尔加河码头、奥卡河码头和铁路仓库等指定地点发货。

在这里，朱可夫第一次看到了伏尔加河。在《回忆与思考》中，朱可夫如是描述自己当时的心情：

"我第一次看见了伏尔加河，她的伟大和瑰丽让我倾倒。在这以前，我从来没有见过比普罗特瓦河和莫斯科河更大、更深的河了。

清晨，伏尔加河整个儿浸沉在初升的朝阳里，闪闪发光。我看啊，看啊，久久不愿挪开贪婪的目光。我终于明白人们为什么要尽情地讴歌伏尔加河，为什么要把她比做自己的母亲了。"

母亲河的瑰丽震撼了朱可夫的心灵，让他的灵魂得到了升华。当然，此时的朱可夫无论如何也无法想到，多年之后，他将率领千军万马，为保卫伏尔加——俄罗斯民族的母亲河而驰骋沙场。

离家的四年里,朱可夫最大的愿望就是能回家看一看。1911年,朱可夫终于有了10天假回家探亲。他一直站在车窗旁,饱览了沿途各车站和莫斯科近郊美丽迷人的风光,也听到了旅客们关于民主主义的议论。无论走到哪里,他总是这样以极大的兴趣注视、观察周围的一切。朱可夫的母亲亲自到奥博连斯科耶小站接他来了。她在这四年中间苍老多了。似乎有什么东西堵住了朱可夫的嗓子,他使劲忍住,才没有哭出声来。他到家感到父母苍老多了,父亲背驼得直不起来了。姐姐已长成大姑娘了。母亲紧紧搂着长大了的儿子,反反复复地说,亲爱的儿子,我以为我死以前看不到你了。父亲也深有感触地说,我终于活到这一天,看到你长大成人了。

朱可夫给全家每人送了一份礼物,还额外给母亲3个卢布,2俄磅(约818克)糖。母亲脸上洋溢着幸福、满足的光彩。

在1911年年底,朱可夫学徒期满,当上了师傅,月薪10卢布,这在工人阶层来说算高的。这时老板对朱可夫很信任,认识到朱可夫是一个守信用、忠诚老实的人。老板常派他到外面联系业务、办理托运。这给朱可夫接触外界、开阔视野提供了很好的条件。那时,毛皮工人都不问政治,大多只关心自己的利益,各有各的小天地。他们的理想往往是攒钱,开一个自己的店,由自己当老板。在这种小资产阶级思想很浓的空间里,朱可夫连报纸都看不到,也听不到大家对形势的议论。所以,朱可夫十分注意外出的机会,了解各种人和各种政治见解。

许多事情既是偶然的,同时也是必然的。如果生活就这样下去,朱可夫那过人的军事才华可能永远都显示不出来了。然而,社会的发展是丰富多样的,人的成长轨迹也不是一条僵死的直线。1914年,第一次世界大战开始。

当时在沙俄的宣传下,许多青年,特别是有钱人家的子弟,都志愿上前线打仗。老板的儿子亚历山大·别利欣也决定去,并极力劝朱可夫去。朱可夫一开始的确动心了,后来他找他最尊重的好朋友桑德尔·伊万诺维奇商量。伊万诺维奇说,有钱的子女是为了保住家中的财产去的。你呢,你为什么打仗?是不是因为你父亲被赶出了莫斯科,你母亲被饿得发肿?等你变成残废回来,就没人要你了。这些话把朱可夫说服了。他把这些话告诉了亚历山大,招来一顿痛骂。亚历山大独自从家里出走,上了前线。

在成为青年师傅之后,为了能有更多的时间用于学习,朱可夫搬到了作坊外的私人住宅去住。尽管这需要花去朱可夫不少收入,租金是每月3个卢布,但他一点儿也不把这放在心上,因为他坚信,没有什么能比不受干扰地读书更重要的事。朱可夫继续在作坊干活。朱可夫的房东马雷舍瓦娅是个寡妇,她有个漂亮的女儿叫玛丽娅。同在屋檐下,两个年轻人日久生情,很快双双坠入了爱河,并开始商量结婚。

朱可夫和玛丽娅之间的关系越来越亲密。他们像所有的年轻人一样,尽情地享受着爱情带来的甜蜜,憧憬着美好的婚姻生活。他们在一起的时候,除了看书、唱歌、跳舞之外,还经常讨论结婚的事情。朱可夫也打算,等他存够了钱就娶玛丽娅为妻。爱情的甜蜜和工作的顺心让朱可夫觉得幸福极了。

就在这个时候,一战的噩梦粉碎了朱可夫和玛丽娅的美梦。1914年7月28日,奥匈帝国与塞尔维亚断交并对其宣战。俄罗斯帝国则宣布全国总动员,以支持同为斯拉夫国家的塞尔维亚。俄罗斯帝国此举引起了德国的不满。8月1日,德国以俄罗斯帝国拒绝停止全国总动员为借口向其宣战。8月6日,奥匈帝国也向俄罗斯帝国宣战。俄罗斯深陷战争的泥潭而不能自拔。

俄罗斯国内也发生了骚乱。侦探局的间谍和黑帮分子们在爱国口号的掩护下，号召爱国青年组织起来，捣毁了德国和奥匈帝国的商行。一时间，莫斯科陷入了混乱之中。许多想顺便发点洋财的人也都被引诱去了，事态很快就失去了控制，连俄罗斯帝国的盟国法国、英国等其他国家的商行也受到了冲击。到处都乱哄哄的，朱可夫和玛丽娅躲在家里，哪里也不敢去。

由于前线伤亡很大，沙皇尼古拉二世开始号召青年为祖国而战。在宣传的影响下，许多青年纷纷报名，志愿上前线去打仗。1915年7月，沙皇政府决定提前征召1896年出生的青年。这下轮到朱可夫上战场了，但他的热情并不高。可是，他还是想，既然叫我入伍，我就要忠诚地为俄罗斯打仗。

第二章

初入军营 崭露头角

投身沙俄军营

1915年8月7日，尚不满19周岁的朱可夫同几名同乡一起在卡卢加省马洛亚罗斯拉维茨县县城入伍了。朱可夫被选送到骑兵部队。能当上策马扬鞭的骑兵让他很高兴，因为骑兵是一个听起来非常浪漫的兵种。那些被分配到步兵的朋友也都对他羡慕不已。

一个星期以后，所有应征青年都到兵站报到。编队之后，所有的新兵都在长官的驱使下登上了货车，开往省城卡卢加。每个车厢40人，车厢内没有椅子，所有人只能站着或者坐在肮脏的地板上。有的人在唱歌，有的人在打牌，有的人在悄悄地同别人谈着什么，有的人在默默地哭泣。所有的人都不知道自己将要面对的是一种什么样的生活。朱可夫此时也有些怅然和茫然，他不禁意识到，自己的少年时代就这样结束了。他问自己："我吃得了当兵的苦吗？如果要去打仗，我能行吗？"不过他是尽力给自己打气：我经受过艰苦生活的锻炼，我一定能完成士兵的职责。

在卡卢加下车后，朱可夫他们又列队步行了4个多小时方才到达军营。他编入了后备步兵第189营，这里将为后备骑兵第5团组建队伍，离开这里前须受步兵队列训练。兵营的条件很差，尽管风不断地从墙缝和窗口往屋里钻，但里面的气味依然让人感到窒息。床铺也破破烂烂的，全是用木板铺成的，连褥子都没有。由于大家坐了几个小时的火车，又走了4个小时的路，全都累坏了，谁也没有抱怨，纷纷按照编号躺在床上大睡起来。

第二天早上7点，集合号准时响了起来。新兵们急忙从床上爬起来，列队去洗漱。早饭后，队长把大家集合起来，宣布道："你们被编入了预备役步兵第189营。这里是为预备役骑兵第5团组建队伍的。在离开这里以前，你们将接受严格的步兵队列训练。"

领到训练步枪以后，便去参加训练了。朱可夫的排长是一位名叫杜拉科夫的善良人，而他的班长是一个叫沙赫沃罗斯托夫的性情暴躁者。他对待士兵极为苛刻，一边挥舞着拳头，一边斩钉截铁地对大家说："除了上厕所之外，任何地方都不准去！否则，我将把你们押送惩戒营！"

新兵们小声议论说："嘿，别想这个家伙给我们好日子过啦！"

训练正式开始了。每个新兵都努力地学习队列动作和持枪动作。如果有一个兵踏错脚步，全排都要受罚。可想而知，这些新兵在第一天的训练中吃够了苦头。晚饭过后，排长又命令大家集合，宣布明天要带领大家参加全体晚点名。所以，今天必须学会唱国歌《上帝啊，保佑沙皇》。新兵们对这种庸俗的歌曲一点兴趣也没有，但也毫无办法。大家一直学到深夜才勉强学会了。

经过两个星期的训练，大多数新兵都已经熟悉了军队的各项规章制度。一个月之后，训练结束了，朱可夫和他的新战友们被派往乌克兰境内的预备役骑兵第5团服役。该团驻扎在哈尔科夫省巴拉克列亚城内。经过分编，朱可夫被编入了龙骑兵连,并得到了一匹深灰色的烈性牝马,名叫"恰谢奇娜娅"。

当骑兵虽比当步兵有趣,但却更为艰苦。除了一般的课目外,还要学习骑术,掌握冷兵器和一天三次刷马。起床已经不像步兵是 6 点钟,而是 5 点钟;睡觉则比他们晚一小时。最困难的是乘马训练,即骑乘、特技骑术和使用冷兵器——矛和马刀,即使双腿磨破血泡,也必须一声不吭地强忍着。

朱可夫所在排的排长杜拉科夫是个不错的军官,对士兵既严格又友善,但另一位叫博罗达夫科的长官却性情粗暴,喜欢打人,在排长短期休假而由他代理排长期间,其凶残的程度尤其让人无法忍受。这家伙还有一种病态心理,特别爱整入伍前在莫斯科工作过的人,认为这些人见过世面、有学问、太聪明,非得来上一顿杀威棒不可。于是朱可夫和几个战友决定给他点颜色,杀杀他的威风。

有一天,朱可夫和几个士兵事先商议好,悄悄地躲在一个黑暗的角落里,等博罗达夫科走过时用马披蒙上他的头,狠揍他一顿。大家依计而行,直打得他昏死过去才住手。可打完之后又不禁害怕起来,担心被送到军事战地法庭。凑巧,排长在这个时候回来了,他帮了士兵们的忙,把这件事情当成一个误会,轻轻搪塞过去了。不久,排长还请求把博罗达夫科调到别的骑兵连去了。

到 1916 年春,朱可夫他们都已被锻造成了训练有素的骑兵,即将编成补充骑兵连,开赴前线,但同时要从他们当中挑选 30 名成绩最好的人送到教导队深造,以培养为军士。朱可夫是被选中的 30 个人之一,但他却想放弃这一机会,而希望到战场上一显身手。排长杜拉科夫则劝道:"朋友,前线你还是会去的。但是,现在更多地学些军事,这对你很有用处。我相信,你会成为一名好军士的。"他还发自肺腑地对朱可夫说，"我就不急着再上前线去。我在前方待了一年，很了解那是怎么回事，而且也懂得了许多事情。遗憾，十分遗憾，我们的人这样糊里糊涂地死去，请问，这是为什么？"

排长没有再说下去，但朱可夫已经从他的话语中明白了，排长不愿意向沙皇政府的专制暴行妥协，但他又无法放弃作为士兵的天职。这两者在排长那里是一对不可调和的矛盾。朱可夫接受了这位睿智而正派的长官的意见，满怀信心地去了教导队。

教导队驻扎在哈尔科夫省伊久姆城内，从各部队选调来的学员约240人。在教导队，朱可夫遇到了一名因右手食指短了半截而绰号叫"四个半"的凶残军官，此人不仅施暴成瘾，而且其狠劲能一拳把学员打翻在地；奇怪的是，他从来不打朱可夫，却又不断通过"穿戴全副战斗装备顶着马刀"罚站、扛沙袋、增加值班等方式折磨朱可夫。后来他发现，这个小伙子不仅怎么也整不垮，反倒越整越结实，越整在训练中拿到的第一越多，就改变了策略，假惺惺地对朱可夫说："你是个有个性、有文化的青年，又来自大城市，何必每天参加操练，跟那些土包子一起吃苦流汗呢？以后只负责填写一下值勤登记表，统计一下到课缺课人数就行了。"

朱可夫识破了他的诡计，坚定地表示："我到教导队来，不是为了要当一名负责承办各种事项的职员，而是为了要认真地学习军事和当一名军士。"

"四个半"不禁恼羞成怒，恶狠狠地威胁道："你等着瞧吧，我叫你永远也当不上军士！"

转眼间到了6月，训练就要结束，毕业考试即将举行。按照当时的规定，教导队里考试成绩最好的一名，毕业时直接授予下士军衔，其他的人则只能作为准军士，即军士衔的候补人员毕业。大家根据平时的训练成绩断定，第一名非朱可夫莫属,他不仅会顺利地获得下士军衔,而且不久就会提升为班长职务。

可就在毕业考试前两星期,教导队突然宣布,因朱可夫不守纪律和冒犯直接长官,将其开除。朱可夫虽然知道这是"四个半"使的坏,感到气愤和不平,却又无可奈何。

朱可夫伤心极了,但是他有什么办法呢?就在他准备离开的时候,事情有了转机。此时一个学习成绩很差且不喜欢军事的学员挺身而出,为朱可夫打抱不平。他叫斯科里诺,其兄弟在朱可夫来教导队前所在的那个骑连担任副连长。斯科里诺找到教导队队长,详细诉说了朱可夫究竟因何受到这样不公正的处理。教导队队长随即让朱可夫去一趟他的办公室。

这位队长也是莫斯科人,他作战极其勇敢,得过几乎所有的各级"乔治十字勋章"。战前,他曾经在某地一个枪骑兵团超期服役,任司务长。由于受了重伤,才从前线撤下来,到教导队任队长。他心里早已把朱可夫认作了老乡,所以见到朱可夫后,先亲切而坦诚地介绍了一番自己的经历,给人的感觉仿佛是主动在与朱可夫套近乎。然后才说道:"当兵的,对你的鉴定很不好呀。里面写着,你在四个月的受训期间共受到十次处分,你叫自己的排长为'剥皮',还用各种不好听的话骂排长。是真的吗?"

朱可夫答道:"阁下,是真的。但是,有一点我必须报告,就是任何人处在我的地位,也都只能够这样做。"接着他向队长报告了全部真实情况。

队长听完"老乡"的申诉后,强压着对"四个半"的怒火,一字一顿地说:"回排去吧,并且准备考试。"

就这样,朱可夫留在了教导队,并参加了毕业考试。不过,他并没有得到第一名,而是和大部分教导队队员一样,以准军士的身份毕业。

在教导队受训的经历对朱可夫的军旅生涯影响很大，在这里，他学到了必要的军事知识。在《回忆与思考》中，他如是描述这段经历对他的影响：

"现在，如果要评论旧军队的教导队的话，应当说那里的训练搞得不错，特别是队列训练。每一个学员都能熟练地掌握骑术、武器和单兵训练法。许多旧军队的军士在十月革命后能成为红军中精通业务的军事首长，这并不是偶然的。"

人们非常钦佩后来作为大将、元帅而运筹帷幄的朱可夫仍具有一个优秀士兵那样的军事操练技能，同时也常指责他对待下属态度粗暴，过于严厉。朱可夫自己也承认："过去我有时确实要求太严了……对于别人的弱点太不宽容了。"应该说，这些同他早年在旧军队接受的教育并非毫无关系。

加入骑兵第 10 师

1916 年 8 月上旬，朱可夫从教导队毕业后被分配到了骑兵第 10 师，这时该师正驻扎在德涅斯特河岸，担任西南战线的预备队。教导队为学员们举行了简单的欢送会。会后，朱可夫等 15 人直接登上了开往火车站的卡车。列车走走停停，好不容易到达卡缅涅茨—波多利斯克。朱可夫所在龙骑兵诺夫哥罗德第 10 团、骠骑兵英格曼兰德第 10 团的补充兵员和一百来匹马及其全部装具都在这里下车。卸车快结束时，突然响起了空袭警报。大家纷纷躲了起来。德军的一架侦察机在他们上空盘旋了一阵，丢下了几个小炸弹以后，向西面飞去。炸弹爆炸发出了强大的冲击波，一名士兵被当场炸死，还有五匹马也被炸伤了。这是朱可夫接受的第一次战斗洗礼。炸弹爆炸时发出的巨响和强大冲击波，尤其是那名死亡士兵的惨状使他久久不能忘怀。

1916 年 8 月，罗马尼亚对德国宣战，站在俄罗斯帝国一方，一起对抗德军。沙皇政府认为有了罗马尼亚这个强有力的帮手，肯定能迅速打败德国，于是盲目乐观起来。9 月初，俄军向德军阵地发动了新的进攻。骑兵第 10 师也开到贝斯特里次山林地区集中，直接参加战斗。由于地形条件不容许骑马冲击，所有骑兵全部改作步兵，徒步进攻。由于盲目乐观，再加上技术装备十分落后，罗马尼亚和俄罗斯方面损失都很大。进攻被迫停止了，战局因而稳定下来。

就在这时，后方的不稳定因素也急剧增加。常年的战争导致国内劳动力奇缺，工厂停工，土地抛荒，整个俄罗斯都陷入了饥荒之中。许多士兵从家信中得知家乡闹饥荒的消息之后，不满情绪一浪高过一浪。在后方，分别由资产阶级自由派和布尔什维克领导的旨在推翻沙皇反动统治的革命斗争也轰轰烈烈地展开了。

朱可夫是幸运的，也是不幸的。在战斗中，他俘虏了一名德军军官。为此，部队授予他一枚"乔治十字勋章"。但不幸的事情很快就发生了。这年10月，朱可夫和几名士兵一起组成了前方侦察队，到接近德军阵地的赛耶—雷根进行侦察。他们走进了德军布置的雷区，一枚地雷爆炸了。朱可夫被爆炸气浪从马上掀下来，昏死过去。等他醒来的时候，发现自己躺在医院里。军医告诉他，他已经昏迷了一天一夜。由于严重震伤，朱可夫被送到哈尔科夫治疗。为了对朱可夫在侦察中的突出表现进行嘉奖，部队再次授予他一枚"乔治十字勋章"，并授军士衔。

出院后，他仍感身体不适，尤其是听力不好，因此他没有再被派往前线，而是安排他去后备骑兵第5团驻扎在拉格尔村的补充骑兵连负责训练工作。

半年前，当朱可夫从这个团的骑兵连去教导队时还是一名普通的新兵，如今再回到这里时已是军士了，胸前挂上了两枚乔治十字勋章——一枚是因为俘获一名德国军官被奖给的，一枚是因为受震伤被授予的。对比一下一同参军的伙伴，朱可夫为自己的进步和所取得的成绩感到自豪。

当选连士兵委员会主席

在拉格尔村，朱可夫了解到，士兵们都不想打仗，他们想的是土地与和平。就在这时，彼得格勒、莫斯科和其他城市工人罢工的消息越来越多。士兵们纷纷在私底下谈论布尔什维克，说布尔什维克为反对沙皇，争取和平、土地和劳动人民的自由而斗争。士兵们的厌战情绪越来越高，朱可夫也隐隐感到，这场战争似乎只对富人有利，是为沙皇和地主进行的。他对布尔什维克的了解越来越深入了。士兵中有很多人都参加了布尔什维克，并秘密组织了士兵委员会。

1917年年初，俄罗斯资产阶级革命时机已经完全成熟。1月22日，彼得格勒工人在布尔什维克的号召下举行罢工。参加罢工的达十几万人。在莫斯科、哈尔科夫、巴库等城市也举行了群众性的罢工和示威游行。士兵们本来是被调来镇压游行示威的，但是这些穷人家的孩子从心底里明白应当怎样做，他们纷纷调转枪口，指向了自己的指挥官。人群中爆发出了"乌拉"的欢呼声。士兵们和游行的工人们混合到一起了。

布尔什维克领导的士兵委员会也从地下转到了地上。朱可夫的连长和其他一些军官都被士兵委员会逮捕了。团的士兵委员会负责人雅科夫列夫命令各连回驻地待命。就这样，士兵们在"乌拉"的欢呼声中回到了各自的驻地。

第二天一早，雅科夫列夫派了一名军官到朱可夫所在的连队主持全连大会，选举出席团苏维埃代表和本连士兵委员会。由于朱可夫敦厚诚实，又有文化，平日里对待士兵也非常和蔼，他被推选为连士兵委员会主席。同时，他还与中尉基辅斯基、来自卡卢加省马萨尔斯克村的彼得一起当选为团苏维埃代表。3月初，第5团在巴拉克列亚城召开了全团士兵代表苏维埃大会。实际上，此时的苏维埃代表中还有一些是拥护资产阶级自由派的。

此时，不光朱可夫所在的骑兵第5团发生了惊天动地的变化，全俄罗斯都处于急剧的变革之中。1917年3月初，彼得格勒的工人举行了大规模的罢工活动，旨在反对饥饿、反对帝国主义战争、反对沙皇制度，罢工人数一度达到25万人。沙皇政府下令开枪镇压参加示威和集会的群众，尼古拉二世此举更加激起了人民强烈的反抗。布尔什维克维堡区委员会决定将罢工转变为武装起义。3月12日，起义席卷全城。驻守彼得格勒的士兵拒绝向工人开枪，大批转到革命方面。起义士兵和工人逮捕沙皇的大臣和将军，释放政治犯，布尔什维克党中央发出《告全体俄国公民书》，宣布首都已经转到起义人民手中。革命在全国迅猛展开。3月15日，沙皇尼古拉二世被迫退位，俄罗斯帝国彻底覆灭了。这就是俄罗斯历史上著名的二月革命。

二月革命期间，彼得格勒工人和士兵建立新的政权——工农兵代表苏维埃。同时，资产阶级得到孟什维克和社会革命党人的支持，钻进了革命队伍，成立了俄国临时政府，勾结沙皇尼古拉二世，企图建立君主立宪制。这样，彼得格勒就形成了两个政权并存的局面。

孟什维克和社会革命党人千方百计地要把军队拉拢到他们的手中。1917年5月，骑兵第5团的苏维埃负责人雅科夫列夫被调到别的地方去了。不久，社会革命党人和孟什维克掌了权，推行拥护临时政府的方针。

在二月革命期间，民族主义运动在各地风起云涌，其中尤以乌克兰的民族主义运动最为著名。在乌克兰民族主义领导人彼得留拉的号召下，军队中一些来自乌克兰的士兵纷纷投奔到彼得留拉方面去了。朱可夫对这种战争厌烦透了，他召开了连士兵委员会会议，决议解散连队，因为他们连的主要成员都是莫斯科人和卡卢加人，他们渴望回到故乡去。决议发出以后，朱可夫以连士兵委员会主席的身份给士兵们发了退伍证明书，并建议他们带上骑枪和子弹。不过，大部分士兵的武器都被哈尔科夫地区的反对苏维埃的拦截队搜去了。朱可夫的情况也不容乐观，连队解散之后，投奔到乌克兰民族主义者方面去的一些军官开始搜捕他。一连好几个星期，他都不得不躲在巴拉克列亚城内和拉格尔村里。

第三章

参加红军 保卫祖国

光荣参加红军

1917年11月7日，在列宁、斯大林的领导下，爆发了震惊世界的"十月革命"。"阿芙乐尔"号巡洋舰向临时政府盘踞的冬宫进行炮击，标志着起义的开始。在布尔什维克党的率领下，成千上万的革命军队和赤卫队包围了冬宫及政府各部门。反动军队兵败如山倒，起义很快获得了胜利。当晚10点45分，第二次全俄苏维埃代表大会宣布，由于工人和士兵的胜利起义，"代表大会已经把政权掌握在自己手里"。

这年的11月30日朱可夫回到了莫斯科，但不久又从这里回到了家乡。12月初，他回到了家乡，一方面是看望父母，另一方面是过度疲劳需要休息。休息了一段时间以后，他觉得各方面的状况好多了。1918年1月，朱可夫准备报名参加赤卫队。当时，各地忠于革命事业的工人武装都称作赤卫队，这是苏维埃政权的一支重要武装力量，由布尔什维克中央委员会军事组织统一领导。由于赤卫队在十月革命中所起的重要作用，所以当时名声很响，青年工人十分踊跃地报名参加。但朱可夫这一愿望落空了，因为不久他得了斑疹伤寒，4月，朱可夫又得了回归热，直到8月他的身体才得以康复。整整几个月，朱可夫是躺在病床上度过的，这是他一生中在病床上躺的时间最长的一次。

在朱可夫生病期间，革命形势又有了新的发展。出于巩固新生政权的迫切需要，苏联共产党、苏维埃政府开始着手建设一支新型人民军队的艰苦工作。1918年1月召开的全俄苏维埃第三次代表大会一致赞成建立自己的武装力量。列宁也在《被剥削劳动人民权利宣言》中写道："为了保证劳动群众掌握全部政权和根除剥削者的政权复辟的一切可能，特命令实行劳动武装，建立社会主义工农红军。"当时，大规模地复员旧军队与建立以工人、农民为主体的新型军队在同时进行，新型军队的新，不只是表现在成分上有所变化，更主要的是军队的一系列制度发生了根本变化，最显著的表现是军队内部实行了广泛的民主。当时的规定是，各部队的领导权都由士兵委员会和苏维埃掌握；军队内部官兵一致，人人平等；团级以下军官由军人代表大会选举产生。这些新政策、新制度在建军史上是空前的，它极大地调动了广大士兵的积极性，促使一大批优秀的指挥员从士兵中脱颖而出，缓和了建军初期工农干部极其缺乏的局面，使大批旧军官被逐步淘汰出人民军队。1918年1月，从彼得堡向西部战线派出了以赤卫队为骨干的第一批新的军队。列宁在欢送大会上做了著名的演讲，他指出："我向你们第一批社会主义军队的志愿人员英雄们表示祝贺，你们一定会建立起强大的革命军。"红军发展到1918年8月，已达50多万人。

1918年8月，朱可夫终于参加了红军，编入了莫斯科骑兵第1师第4团。团长是塞米扬·康斯坦丁诺维奇·铁木辛哥，师长就是大名鼎鼎的布琼尼将军。

这是一支十分杰出的部队，朱可夫后来常为曾是布琼尼骑兵部队的一员而感到自豪。

此时，红军正在各条战线与试图扼杀苏维埃政权的外国武装干涉者和国内白匪部队浴血作战。这时苏联的形势仍是十分严峻的。国内有旧沙皇军官、士官生和其他反革命分子组成的白匪军，国外有帝国主义的武装干涉，苏维埃政权的处境十分困难。1918年下半年，在俄罗斯领土上共有帝国主义国家军队和白匪军近100万人，他们装备精良、训练有素，有很强的战斗力。苏联共产党看到了形势的极端危险性。9月，全俄中央执行委员会颁布命令，号召要把共和国变成统一的军营。11月，组成了以列宁为主席的国防委员会，制定军队建设的重大政策。苏维埃全党、全国上下此时此刻都在为实现建立一支大规模正规部队的计划而竭尽全力地工作。成绩是很明显的，到1919年年初，红军已有42个步兵师，骑兵4万人，大炮1700门，军用飞机约450架，作战军舰有50多艘，训练指挥干部的学校已形成网络。尽管与敌人相比，这些武装力量还是相当弱小的，但毕竟标志着一支新型军队诞生并逐步成长起来了。

1919年春，敌人形成了对苏维埃政权的包围。东部有高尔察克的军队，占领了彼尔姆—奥尔斯克一线；邓尼金的白匪军在捷列河两岸；乌克兰方向是乌克兰反革命政府（即所谓"执政府"）的军队及帝国主义的干涉军；拉脱维亚白匪占据着西部的沙夫里—朱塔夫地区；北面则是芬兰白匪军及帝国主义国家的干涉军。在国内各路匪军中，高尔察克的力量最大，他的军队大约有30万人。高尔察克本人也被西方各国公认为"最高执政者""最高统帅"。其次就算邓尼金了，他被称为"最高副统帅"。当时白军的作战目标是：邓尼金扫清北高加索，进入乌克兰，和从东边进攻的高尔察克会师，共同进逼莫斯科和彼得堡。

在强大的压力和全党的共同努力下，红军迅速发展到了180万人，其中，有40万是装备齐全、富有作战经验的部队。但是苏维埃共和国内部的困难更为加剧，特别是一些最为需要的东西，如金属、燃料、衣服、谷物都极为缺乏。朱可夫回忆当时部队从莫斯科调到耶尔朔夫的情景说："在莫斯科饿得够呛的红军战士从车厢一下来，就一直拥向市集，买了大圆面包，狼吞虎咽地吃起来。这样，不少人得了病。"这种困难的境况，也使红军的意志更加坚强，他们已充分认识到，只有取得胜利，才能彻底改变这一切。

1919年3月，高尔察克在东线向苏维埃政权发起全面进攻。当时，苏军在东线不足10万人，而且分散在广阔的战线上。在强大的进攻下，苏军第5集团军步兵第26师和第27师进行了英勇顽强的抵抗。由于兵力相差悬殊，加上社会革命党人策动富农叛乱分散了苏军的力量，第5集团军未能顶住高尔察克的进攻，遭到了重大损失，几乎有50%的人员伤亡和失踪。红军被迫向伏尔加河退却。这时，图哈切夫斯基接替勃留姆别尔格任第5集团军司令。

4月中旬，形势变得更加严重。敌军已进攻到距喀山只有85公里，离辛比尔斯克只有100公里。在其他所有战略方向上敌军也都处于有利的形势。如果红军再往后撤，就退过伏尔加河了，那样，高尔察克和邓尼金两股敌人就会合在一起，形成对莫斯科的正面进攻。在这种严峻的时刻，俄共中央决定动员全部力量，首先对付高尔察克的部队，聚集在东线的红军部队分为北部军队集群和南部军队集群。同时，加强前线的指挥力量。米哈伊尔·瓦西利维奇·伏龙芝被授权指挥南部军队集群。这一集群包括第1、4、5集团军，是东线的主力军。

具有统帅秉性的伏龙芝在历史的关键时刻表现出卓越的军事才华。朱可夫所在的莫斯科骑兵第1师，是伏龙芝部队的一部分，他亲身感受到了伏龙芝上任后战场及红军士气的变化，伏龙芝成为他心中的偶像。

在伏龙芝的领导下，红军逐渐掌握了主动权。高尔察克主管国防部的头目阿列克赛伊男爵在1919年5月的日记中记述道："毫无疑问，在西集团军方面主动权落到了红军手中。我们的进攻枯竭了，部队连滚带爬地向后撤，什么也守不住。"6月，红军夺取了乌拉尔山麓的重要城市乌法。紧接着，莫斯科骑兵第1师开往希波沃车站。在那里，朱可夫所在团与敌人第一次交锋。由于敌人数量比红军多，而且很顽固，所以，战斗进行得很激烈，阵地像拉锯似的被反复争夺。红军士气高昂，终于以顽强的意志取得了胜利。这次战斗给朱可夫留下了很深的印象。

加入红军并与白军作战是朱可夫军旅生涯，也是其一生的转折点：从此之后，朱可夫就逐渐成长为一个坚定的无产主义者，为了保卫自己伟大的祖国而战！

加入布尔什维克

朱可夫在红军队伍里迅速地成长起来，到 1919 年年初，他不但在身体上成长为一个强壮的青年，在思想上也与布尔什维克越来越接近。他已经被列为布尔什维克党员发展对象。当时，骑兵连的党同情者小组一共有 5 名成员。团党组织书记特罗菲莫夫和政委沃尔科夫热情地帮助他们深入地理解党章和党纲。当时红军的党政机构刚建立，在陆军和海军中工作的政治委员仅有 7000 余名。他们在军队中发展了 5 万多名党员。这些党员在战斗中发挥了极其重要的作用：3 月 1 日，朱可夫被吸收入党，成为一名真正的布尔什维克。作为一名党员，他时刻牢记着党的要求，时刻准备为保卫苏维埃政权而战斗。他后来在回忆录中写道，"现在，许多事情都记不得了，但我被吸收入党的这一天，却终生难忘。"

入党后不久，骑兵第 1 师被调离希波沃车站地区，去消灭尼古拉耶夫斯克城附近的白军。同年 8 月，骑兵第 4 团被调到弗拉基米罗夫卡车站。

1919年8月，朱可夫所在的部队调到弗拉基米罗夫卡车站附近进行短暂的战斗训练，在这里他结识了与他同姓的师政委格·瓦·朱可夫。

一天清晨，朱可夫经过露天练马场时，发现师政委正在训练他的马跑步，尽管他已累得满头大汗，使出了浑身解数，马还是乱跑一气，让它迈左脚，它却偏偏先踢出右脚。朱可夫看得心里着急，忍不住喊道："把左边缰绳拉紧！"师政委做政治工作很在行，但在驯马方面显然还有待改进。师政委看了看站在练马场边上的朱可夫，停了下来，翻身下马，笑着对他说："好吧，你来试试！"

朱可夫蹬着马镫子上了马，骑着转了几圈，熟习一下马的性子。然后，他扯紧缰绳，让马左跑步。跑了一圈，跑得很好，他又跑了一圈，还是很好。朱可夫有些得意了，他又让马换成右跑步，也不错。几圈跑下来，马的步子一点不乱。朱可夫让马放慢了脚步，带着训导的口吻对师政委说："小腿要夹紧。"

师政委不好意思地笑了笑，问道："你骑马有几年时间啦？"

朱可夫翻身下马，回答道："四年了，怎么啦？"

师政委赞扬道："没什么，你骑得不坏。"

就这样，朱可夫和师政委认识了。由于两人同姓，都姓朱可夫，聊起天来特别热情。两人相互介绍了各自的经历。此师政委喜欢上了这位骑术非凡的小伙子，经常与他进行交谈，并建议他与自己一样去搞政治工作。朱可夫对政治工作并不感兴趣，他更乐意干军事工作。于是，朱可夫婉言拒绝了师政委的建议。师政委点了点头，又接着道："那么，你可以到红军指挥员训练班学习一段时间，这对你很有好处的。我来给你当个推荐人吧！"朱可夫非常高兴地接受了师政委的建议。不过，朱可夫进红军指挥员训练班学习的愿望未能实现。因为一股白军悄悄渡过了伏尔加河，突然发动攻击，占领了第4团驻地附近的扎普拉夫诺耶村。激烈的战斗又开始了。

在东线击溃了高尔察克后，南线的邓尼金匪军对苏维埃俄国构成了最大威胁。1919年初秋，朱可夫所在部队被紧急调往这一战线参加作战。邓尼金实施了一系列集中突击，以夺取主动权。在开始阶段，红军节节败退。但在布尔什维克中央的领导下，红军很快反败为胜，发起了大规模的反击。朱可夫所在的骑兵第4团在察里津附近、在巴赫齐亚罗夫卡和扎普拉夫诺耶地区与邓尼金一部作战。战斗一直打到10月份还没有结束。10月，朱可夫在一次肉搏战中被手榴弹炸伤，弹片深深地嵌入了他的左脚和左肋部，只好入院接受治疗。这已经是朱可夫在战场上第二次受伤了，好在没有生命危险。朱可夫被送进了离家乡斯特列尔科夫卡村不远处的一家医院医治。朱可夫也是第二次来这家医院，第一次是在他脱离旧军队后得了斑疹伤寒之时。出院后，因身体仍很虚弱，部队给了他一个月的假期恢复健康，他利用这段时间回家探望了一下年迈的父母。朱可夫回到了故乡斯特列尔科夫卡村。由于长年的战争，农民的生活更加贫困了。不过，农民们有了盼头，贫苦的农民已经联合起来，组成了贫农委员会，积极参加向富农夺回粮食的斗争。看着曾经那些甘心忍受剥削的农民也起来斗争了，朱可夫的心里更加相信，红军的困难只是暂时的，他们会取得最后的胜利，因为在他们的背后是占全国大多数的贫苦农民和工人。青年朱可夫终于成长为一个坚定的布尔什维克。

朱可夫亲身体验了沙皇军队与红军这两种截然不同的军队的生活，有许多感触，这种特殊的经历使他对治军之道有了更深的理解。他认为，沙皇军队最大的弱点，首先是士兵群众和高级军官缺乏团结一致，军官们特别是高级军官同士兵从不接触，不了解士兵的生活和思想，和士兵格格不入，进而视士兵的生命如草芥，把自己置于与士兵相对立的集团。其次是高级军官们相当普遍地不懂战役法和战术，在士兵中没有威信。士兵们信不过他们，不愿意为他们赴汤蹈火。但朱可夫对旧军队的军士所起的作用是肯定的。他认为，旧军队赖以支持的主要基础是军士。担任军士要经过严格的挑选，选中的人再经过专门教导队训练，各方面很严格、很正规。军士之所以重要，就在于他负责训练和教育士兵，并且把他们团结在一起。下层的军官对军士的工作是十分信任的，这种信任对培养军士的主动性、责任感、首创精神是十分有利的。朱可夫在许多年以后谈到这点时仍深有感触，他说："哪里的上级军官对下级指挥人员不信任，哪里的上级军官老是监护着下级指挥人员，哪里就永远培养不出真正的指挥人员，因而也不会有好的分队。"

朱可夫是个思维敏锐的军人，看问题很准，也很爱思考。他从军事实践中领悟出来的规律性东西，为他的军事才能提高提供了丰富的营养。在激烈的战斗中，朱可夫的"战剑"得到了磨炼。

第四章

指挥有方 连连升职

成为骑兵连一名排长

假期结束后，朱可夫到兵役局请求去前线作战，兵役局见他尚未完全康复，没有答应他的要求，而是安排他去了设在特维尔的一个后备营。1920年1月，朱可夫从这个后备营被选派到第1骑兵指挥员训练班学习。在训练班，朱可夫兼任了第1学员骑兵连的司务长，同时被委托教学员掌握冷兵器（长矛、马刀）和白刃战，进行队列教练和指导体育训练。也就是说，朱可夫的身份虽为学员，但也担负了部分教员的工作。

7月中旬，训练班突然接到通知，所有学员即刻开赴莫斯科。抵达莫斯科之后，训练班的全体学员都驻扎在列弗尔托夫兵营。兵营里已驻有特维尔和莫斯科的学员。第1骑兵训练班将和他们一起入莫斯科第2学员旅，去攻打白军首领弗兰格尔率领的军队。

学员们在莫斯科进行了短暂的休整，朱可夫非常想念那些在莫斯科的朋友。他想去看看那些昔日的朋友，尤其是他的女朋友玛丽娅。在战火纷飞的日子里，朱可夫无时无刻不在思念着玛丽娅。但是很遗憾，他谁也没有能够拜访。因为连长经常外出，而朱可夫作为司务长便不得不留下来负责连里的事务。朱可夫便一一给过去的朋友写信，告诉他们自己的现状。玛丽娅很快便给他回信了，但信中的内容让朱可夫感到十分不安，因为他明显感觉到他与玛丽娅之间的关系越来越疏远了。不久之后，朱可夫便得知，玛丽娅出嫁了。朱可夫的情绪有些低落，但他又不能表现出来，因为连里的工作还需要他去主持。就这样，朱可夫一边强颜欢笑地主持着连里的工作，一边在心里落泪，他的初恋就这样结束了。从此以后，他再也没有见过玛丽娅。

8月初，莫斯科第2学员旅集中到克拉斯诺达尔，并从那里出发去攻打弗兰格尔的军队。弗兰格尔是一个古老的德国男爵家族的成员，他于1902年参加俄军，并于1910年毕业于俄国总参学院。在日俄战争和第一次世界大战中，他率领俄军征战沙场，颇有成绩，曾任骑兵军长。十月革命之后，他逃往克里木，并于1918年8月参加邓尼金组建的志愿军，先后任骑兵师师长、军长、高加索白卫军司令、志愿军司令等职。不久之后，由于与邓尼金发生权力之争，他被驱逐出了俄国。1920年4月，邓尼金领导的白军到了崩溃边缘。在协约国的支持下，弗兰格尔接替邓尼金任克里木白军总司令。弗兰格尔也公开表示，他一定偿还协约国的一切支出并彻底还清沙皇的一切债务。

实际上，弗兰格尔根本没有力量重新展开反苏维埃的大规模军事行动。而且，他在克里木一带已不可能获得任何兵源补充。于是，弗兰格尔决定突入北塔夫里亚，进入顿巴斯和顿河流域，去争取哥萨克的支持。邓尼金的军队溃败以后，几万名哥萨克带着马匹、武器和装备流散回家，大批的战斗储备品流散在北高加索和顿河流域。弗兰格尔便把目光锁定在哥萨克人的地域。但是，他并没有如愿以偿地进入顿巴斯和顿河流域。

库班一带的白军也正在开展活动，弗兰格尔又把期望放在了哥萨克身上，更确切地说他把期望放在库班富农的身上。不过，当时库班哥萨克的大部分人已经明白，白军和受协约国补贴的"最高政府"将会带给他们什么。

于是，一场军事斗争变成了一场政治斗争，白军与红军都在努力争取哥萨克的支持。红军指挥员、政治委员和红军战士在哥萨克人中间进行了广泛的宣传，使他们明白红军斗争的真正目的，使他们懂得必须尽快肃清一切反对苏维埃的白军。与此同时，红军还对最贫苦的哥萨克人和红军战士家属进行了多方面的帮助。红军与哥萨克人之间逐渐建立了友谊。就这样，哥萨克人逐渐站到了红军一方，并没有去帮助弗兰格尔。

8月，朱可夫被编入莫斯科第2学员旅学员混成团，派往前线攻打弗兰格尔白匪军的一支登陆队，后又去攻打乌鲁普斯卡亚镇、别斯科尔勃纳亚镇和奥特拉德纳镇的匪徒。但朱可夫没能参加在克里木最后歼灭弗兰格尔匪军的战役，因为训练最好的学员要提前毕业，去补充在与弗兰格尔匪军的战斗中有大量指挥员伤亡的骑兵部队。

提前毕业的大部分学员被派往了独立骑兵第14旅，朱可夫被团长任命为第2排排长，他在训练班的好友乌哈奇·奥戈罗维奇则被任命为第4排排长。第2排代理排长阿加波夫是一个忠厚老实的中年人，他对朱可夫说："排里的战士，除三四个人以外，全是老战士。但是，当然也有几个脾气古怪的，要善于掌握他们的特点。"

然后，阿加波夫向朱可夫详细地介绍了每一个战士的情况。朱可夫非常认真地听着，并不时地记录着。了解了全排的情况之后，朱可夫命令全排集合，以便彼此认识。

很明显，战士们对这个年轻的新排长还有一些顾虑。朱可夫知道，做事情不能急于求成，要一步一步来。他请每一个战士谈谈自己的情况。机枪手卡西亚诺夫说："有什么可谈的呢？我们每个人的情况都在全排的名册上写着呢！"

朱可夫笑了笑，向大家谈起他与波兰白军和在北塔夫里亚与弗兰格尔打仗时的情景。战士们听得很入神，他们特别关心协约国是否会派自己的部队直接参战。朱可夫想了想，对大家说："协约国的统治者倒是想派部队来，可是协约国的人民和士兵不愿意和我们打仗。"

几天后，朱可夫率领全排参加了肃清滨海地区残匪的战斗。朱可夫身先士卒，冲在全排的最前列，并不时地指示士兵们应该怎样做。战斗结束了，残匪被全歼，而第二排没有遭受任何损失。朱可夫的机智和勇敢彻底赢得了战士们的尊敬，他们都十分喜欢这个年轻的新排长。朱可夫已经成长为一个出色的红军指挥员。自此，全排官兵对他无不佩服。上级首长也注意到了朱可夫的智勇双全，不久他被提升为骑兵第1团第2连连长。

获得英勇的"红旗勋章"

1920年12月末，整个独立骑兵第14旅被调往沃罗涅日省肃清富农暴乱和科列斯尼科夫匪徒。任务完成后，该旅又在坦波夫省清匪司令部（司令图哈切夫斯基，副司令乌博列维奇）的领导下参加了对安东诺夫匪军的清剿。

安东诺夫原来是坦波夫省基尔萨诺夫城的小市民，早年在实科学校读书，后来参加了社会革命党，曾因犯刑事罪被流放西伯利亚服苦役。二月革命期间，安东诺夫返回坦波夫省，担任基尔萨诺夫县警察局局长。十月革命爆发后，他纠集了一大帮乌合之众，建立了拥有数千人的几个团，光是几个骑兵团就拥有1500—3000人的兵力。安东诺夫非常狡猾，他从来不与红军大部队作战，只在有充分把握的前提下才投入战斗，对苏维埃政权构成了很大的威胁。

1920年12月，苏维埃政府成立了坦波夫省清匪司令部。但是，坦波夫的军事指挥部由于缺乏组织能力和不够果断，未能肃清安东诺夫白军。疯狂的安东诺夫甚至亲自率领部队袭击了红军的守备部队。

独立骑兵第14旅旋即被调往该地，协助剿匪。就在这时，图哈切夫斯基被任命为坦波夫省清匪司令，指挥部队与安东诺夫白军作战。图哈切夫斯基是一个经验丰富的指挥员，曾指挥红军取得多场大规模战役的胜利。他的到来让战士们都非常高兴。

图哈切夫斯基到独立骑兵第14旅视察的时候，朱可夫亲眼见到了这位富有个人魅力的指挥官。当时，图哈切夫斯基在坦波夫希纳的热尔迭夫卡车站上与独立骑兵第14旅的旅长谈话，朱可夫就站在一旁。朱可夫完全被图哈切夫斯基的个人魅力感染了，他在心里暗暗下决心，要向这位优秀的指挥官学习。

在图哈切夫斯基的出色指挥下，安东诺夫所部很快就被击溃了。在历次战斗中，1921年春天爆发的一场战斗给朱可夫留下了深刻的印象。那场战斗发生在距热尔迭夫卡车站不远的维亚佐瓦亚·波奇塔村。那天早晨，独立第14旅接到战斗任务。根据侦察兵的报告，距村子10—15公里处发现了约3000名安东诺夫骑兵。

骑兵第1团离开维亚佐瓦亚·波奇塔村以后，在左侧成纵队前进。第2团则在右面相距第1团4—5公里处行进。朱可夫率领第1团第2连携带4挺重机枪和一门火炮作为前队沿大路前进。走着走着，突然第2连与约250名安东诺夫骑兵遭遇了。

朱可夫命令士兵迅速展开战斗队形，并把火炮、机枪的火力对准敌人，向敌人猛冲过去。安东诺夫骑兵经受不住红军的迅猛突击，纷纷后退。朱可夫带领士兵们穷追不舍，与敌人展开了激烈的白刃战。

突然，一个安东诺夫骑兵从侧面向朱可夫开了一枪。子弹打中了朱可夫的坐骑，马应声而倒，重重地压在了朱可夫的身上。第二连政治指导员诺切夫卡见状，急忙策马向前，一刀砍死了向朱可夫射击的那个敌人。诺切夫卡一弯腰，顺手抓住了那个敌兵的马缰绳，塞到朱可夫的手里。朱可夫翻身上马，又继续追了上去。

就在这时，侦察兵报告有一队安东诺夫骑兵企图迂回第2连的侧翼。朱可夫马上核实情况，一边命令全连发起猛烈的射击，一边派通信兵去报告团长。几十分钟之后，第1团团长率部赶到，也投入了战斗。安东诺夫骑兵死战不退，第1团渐渐不支。就在这时，在第1团右翼行进的第2团传来消息，他们遭遇了在数量上占优势的敌人，被迫后退了。于是，右翼的敌人便将枪口转向第1团，从右翼加入了战斗。

团长当机立断，立即撤回维亚佐瓦亚·波奇塔村，将敌人诱至对其不利的地形。第2连受命掩护全团退出战斗。安东诺夫骑兵们发现红军的这一行动后，立即尽全力向作为团后卫的第二连猛扑过来。

在数量上占绝对优势的敌人面前，朱可夫没有慌乱。他命令用连队装备的4挺重机枪和一门76毫米火炮压制敌人的火力。朱可夫一边指挥战斗，一边带着士兵们往后撤。战场上留下了无数敌人和红军战士的尸体。朱可夫命令不能丢下一个同志，哪怕他们已经牺牲了。红军战士们被朱可夫火一般的热情感染了，奋不顾身地把同志的尸体抢过来，放在拖运机枪的爬犁和炮架上，往后方撤。

第2连的伤亡越来越大，第4排排长乌哈奇·奥戈罗维奇也受了重伤，从马上跌落下来。他曾经和朱可夫一起在第1骑兵训练班学习，两人关系非常好。朱可夫策马向前，把乌哈奇·奥戈罗维奇拉到马上。乌哈奇·奥戈罗维奇在快失去知觉时，喃喃地说："写信告诉我妈妈，你们别把我留给匪徒。"

战士们把他和所有伤亡的人一起装在拖机枪的爬犁和炮架上带走了。朱可夫发狂般地举枪向敌人射击。尽管伤亡惨重，骑兵第1团总算退到了维亚佐瓦亚·波奇塔村，朱可夫率领的第2连大部分也撤出了战斗。

　　就在战斗要结束的时候，朱可夫发现有一挺机枪被丢在了撤退的路上。当时，红军的装备奇缺，朱可夫无论如何也不能忍受将一挺机枪白白丢给白军。他又策马扬鞭，冲向了乱哄哄的白军。突然，一发步枪子弹击中他的马，朱可夫一头从马上栽了下来。在一天之中，他经历了两次危险，而且两匹战马就这样没有了。朱可夫又急又气，举起手枪击退了向他逼近企图活捉他的敌人。但敌人越聚越多，朱可夫的子弹马上就要打光了。就在千钧一发之际，连政治指导员诺切夫卡又带着战士勃雷克辛、戈尔什科夫和科瓦廖夫等人冲了过来。朱可夫得救了。在红军战士顽强的阻击下，白军终于退却了。

　　在这次战斗中，第二连的损失最大，当场阵亡10人，受伤15人。伤员中第二天死亡3人，其中包括第4排排长、朱可夫的朋友乌哈奇·奥戈罗维奇。每一个人都陷入了极大的悲痛之中，发誓一定要消灭这帮白军，为战友报仇。

　　由于朱可夫在这次战斗中率部阻击了敌人7个小时，为全团的战略撤退赢得了宝贵的时间，苏维埃革命军事委员会于1922年8月31日授予他一枚"红旗勋章"。"红旗勋章"是苏维埃的第一个勋章，是根据全俄中央执行委员会在1918年9月16日发布命令设立的，授予直接参加战斗而表现特别勇敢和英勇的俄罗斯联邦的公民。革命军事委员会的第183号嘉奖令如下：

　　1921年3月5日，在坦波夫省维亚佐瓦亚·波奇塔村附近的战斗中，朱可夫不顾敌人1500—2000名骑兵的冲击，率领全连进行了7小时的战斗，阻止了敌人的猛攻，随后转入反冲击，经6次白刃格斗，击溃了匪徒。为此，授予他红旗勋章。

　　尽管朱可夫在后来获得过无数荣誉，但他始终将这枚勋章看得很重，因为这枚红旗勋章是他在红军中获得的第一枚荣誉勋章，象征着红军指战员的英勇无畏。

如果说上面的战例说明了朱可夫作战勇猛果敢，不畏强敌的话，下面的事例则反映了他的处变不惊，沉着冷静：1921年夏末，坦波夫省清匪司令图哈切夫斯基签发命令，彻底肃清逃散在坦波夫希纳的小股残匪。朱可夫的骑兵连在一次追赶残匪的途中意外地撞见了两辆装甲车，它们从附近的村子突然冲出后迅速占领了有利地形，并把机枪对准了疾驰而来的骑兵连，俨然是一次准备好的伏击。但朱可夫却没有贸然下令开战，因为他知道匪徒是没有装甲车的，他想先弄清遇到的到底是些什么人，然后再作定夺。于是派人过去进行联系，结果发现那是自己人，而且前一辆装甲车上还坐着副司令乌博列维奇，他们原本是打算在半路上拦截向森林方向逃窜的残匪的。由于朱可夫的镇定和慎重，才避免了一场自相残杀的悲剧，而乌博列维奇由此也认识了连长朱可夫。在20世纪30年代，他们还成为工作上的好搭档，那时乌博列维奇是白俄罗斯军区司令员，朱可夫则是该军区的一个骑兵师的师长。

1921年夏季，安东诺夫的军队被彻底歼灭。这标志着敌人对苏维埃政权大规模有组织抵抗的终结。这场战争的胜利，对苏维埃政权来说，不仅是军事上的胜利，更是政治上的胜利，苏维埃政府已深得人心。

从毛皮匠学徒到接下来的军旅生涯，朱可夫"在他的童年和青年时代经历了太多的苦难和磨炼，但这种生活教会了他很多东西，并锻造出了他坚韧不拔的性格"。——朱可夫的小女儿玛·朱可娃这样讲道。

升任布祖卢克团团长

国内战争结束后，苏维埃政权将工作重心转向了和平建设。当时，苏俄的国民经济经过连年的战争已经濒临崩溃，几乎所有的经济部门都处于极端衰落的境地。军事委员会决定大量裁军，鼓励复员士兵从事经济建设工作。早在 1920—1921 年，胜利曙光初现之时，军事委员会便下令没有直接参加作战的部队全部或部分转入劳动生产。到 1924 年年底，整个武装部队的人数由 550 万缩减到了 56.2 万。但新成立的苏维埃政权依然受到各方反对势力的威胁，不保持一定数量的军队，根本无法保证国防安全。

为了保住"部队的精髓"，俄共（布）中央组织部遂于 1921 年 2 月决定，军队中的共产党员停止复员。在当时和平建设的条件下，必须建立统一的军事学说，巩固正规红军，解决组织建设方面的新的复杂问题，妥善安排军政干部的训练。在军队中保留下来的是那些志向和能力适宜于并有决心献身于军事工作的人。

朱可夫是保留下来的军人之一。1922 年 6 月至 1923 年 3 月，他担任骑兵第38团一个连的连长，1923年3月到5月，他又担任萨马拉骑兵第7师骑兵第40团的副团长。

5月下旬的一天，师长卡希林突然召见了朱可夫。他在长时间地询问了第40团的有关情况后，突然问道："你看，我们对骑兵的训练是否符合未来战争的需要？对未来战争你是怎么看的？"

这个突如其来的问题把朱可夫弄得一时有些慌乱，待努力镇静下来后，他回答道："为了按现代要求来训练部队，我们指挥员还很缺乏必要的知识和技能。我们现在是按在旧军队所学的来教部属的。为了能很好地训练部队，必须用现代军事知识武装领导干部。"

师长同意他的看法，并诫勉道："我们尽力做到我们的指挥员能进军事政治院校和训练班。但这是一个比较长的过程，而我们的学校又很少，所以指挥员首先得自学。"

最后，师长宣布任命朱可夫为布祖卢克骑兵第39团团长，并坦率地告诉他："我对你不十分了解，但和我谈过的一些同志推荐你担任这一职务。"

听完师长卡希林的话，朱可夫的心情十分激动。他没有想到，在短短的半年多时间里，他的职位居然从连长一路升到了团长。不过，他明白新的职务固然光荣，但责任也十分重大。指挥一个团是掌握军事学术最重要的环节。团是基本战斗部队，团一级的战斗需要组织陆军各兵种，乃至海陆空各兵种的协同作战，而团长必须熟悉下属各分队，以及在战斗情况下通常配属给团的加强兵器——团长必须善于在战斗中选择主要方向，并把基本兵力集中于主要方向。一个团长，如果能熟练地掌握指挥方法，并能保障时刻做好战斗准备，那么，他在以后的各级指挥岗位上无论平时或战时，都能成为一个优秀的指挥员。

5月底,朱可夫走马上任了,成为布祖卢克骑兵第39团团长。上任伊始,第39团正准备出去野营。朱可夫很快发现,第39团在战斗准备方面存在着很大的缺陷,部队的射击训练和战术训练都特别差。因此,朱可夫便借野营之机对部队进行训练。团政委亚宁是一个坚定的布尔什维克,他和朱可夫配合得很好。朱可夫和亚宁也成了很好的朋友。

在野营期间,国内战争的英雄加伊调任第7师师长,成了朱可夫的顶头上司。加伊到任后就召集各团团长和政委开会。朱可夫听到过许多关于加伊的英雄事迹,对他十分佩服。第一次见面,加伊师长更是给他留下了难以磨灭的印象。

告别时,他对朱可夫说:"听说你们团的训练搞得不错,我想看看你们的乘马队列训练和战术训练。"

见新师长要视察第39团,朱可夫激动极了。他向加伊师长行了一个漂亮的军礼,回答说:"是,师长!不过,我不得不承认团里还有许多缺点。"

加伊师长微笑着说:"那就让我们共同来克服这些缺点吧!你很要强,这很好。"

三天以后,根据师司令部的指示,第39团全团接受检阅。加伊师长骑着一匹全身乌黑、唯有腿是白色的马登上了小山冈,观看全团的演习。

对演习的指挥起初用口令,后来用马刀指挥,再后来用号音。变换队形、行进、转弯、变换方向、立定、看齐等动作。士兵们都非常认真,动作做得非常准确。朱可夫十分满意。演习最后,朱可夫命令全团展开成散兵线向敌人冲锋进行包围。朱可夫骑着战马,在战斗队形的中央,率领全团向师长所在的高地冲去。

到达高地后,全团向中央靠拢看齐,朱可夫走近师长,准备报告演习结束。还没有等他开始报告，加伊师长就高高举起双手喊道："我投降，投降，投降！"

加伊师长对第39团的训练十分满意，他走近朱可夫，热情地说："谢谢，非常感谢！你做得非常好！"

说完，他走到队伍的中央，向战士们说道："我是一个老骑兵，很熟悉骑兵的战斗训练。今天你们的行动说明，你们认真地、竭尽全力地尽到了红军战士对祖国的职责。作为红军战士，正应该这样。具有优良的战斗训练，正确认识对人民的职责，这是我们英雄红军不可战胜的保证。谢谢你们，今天你们使我非常高兴。"

士兵们高呼"乌拉"，能得到师长的赞美，每个人心里都十分高兴。加伊师长又转向朱可夫，和他握了握手，微笑着说："演习的第二部分下次再看。让同志们休息吧，我和你去看看野营的设备。"

朱可夫陪同师长在野营地转了两个多小时，不放过任何一个细节。显然，加伊师长对朱可夫的工作非常满意。第39团的野营训练取得了良好的成绩。

第39团的野营训练结束后，萨马拉骑兵第7师奉命开赴奥尔沙地区参加军区的演习。第7师的任务相当艰巨，必须强行军进入奥尔沙地区。加伊师长指定第39团担任师主力的前卫。全师进行了30个小时的行军，前进了近100公里。拂晓时，前卫团派出的侦察兵回来报告说，在莫斯科—奥尔沙铁路线附近，有"敌方"军队向奥尔沙车站方向运动，前方部队已经投入"战斗"。

就在这时，演习调解员戴着白袖章从四面八方驰向第39团团部，问朱可夫："关于'敌人'，你了解什么情况？你有什么打算？"

朱可夫一边翻身上马，一边回答说："我马上到前队去进行现地勘察。等着吧，我将在那里作出决定。"

担任前队的是康斯坦丁·秋宾。秋宾向朱可夫报告："'敌人'近两个团的步兵已展开成临战队形，在铁路线一侧向前面高地方向运动。在高地一带我步兵已投入战斗。"

朱可夫判断，"敌方"步兵还不知道第七师的骑兵部队已进入这一地区，因为他们既没有碰到"敌方"的警戒，也没有碰到"敌方"的侦察兵。

就在这时，加伊师长骑着一匹战马疾驰而来。朱可夫简单地重复了秋宾的报告和自己的判断，并建议道："现在是向'敌方'发起突然冲击的最有利时机，我决定全团立即展开成战斗队形向敌人侧翼冲击。"

加伊师长用望远镜观察了一下，坚定地说："罕见的好机会，大胆行动吧！在攻击以前，用全部大炮机枪火力进行射击。师主力在20—30分钟后到达，将向'敌方'的背后进行突击，以便彻底摧毁他们。"

朱可夫立即命令全团展开战斗队形，向"敌方"的步兵阵地冲去。一个小时以后，整个"战场"烟雾弥漫，第7师的几个骑兵团全部赶到，战士们高喊着"乌拉"向"敌方"阵地冲去。"敌方"步兵在骑兵的冲击下迅速崩溃了。

"战斗停止"的信号吹响了，演习结束了。图哈切夫斯基观看了这次军事演习的全过程，他高度赞扬了骑兵第7师出敌意料的突然冲击，同时对"敌方"部队在遭到出乎意外的突然冲击时能迅速地机动部队也提出了表扬。

这场在野营结束后顺便实施的小规模演习就这样结束了。第7师进驻他们固定的驻地明斯克。明斯克市民纷纷涌上街头，热烈欢迎这支英勇部队进驻明斯克。大街小巷到处都是人，"乌拉"之声传遍了整个城市的上空。

努力学习军事理论

由于各部队调动频繁，分配给第39团的兵营里还住着骑兵第4师，朱可夫不得不带领士兵们住到了郊区的民房里。直到11月末，第39团才搬进了营房。朱可夫此时明显感到自己在实战方面的经验要比理论知识丰富得多！但是训练部队不光需要实战经验，理论知识同样重要。于是，搬进兵营之后，他便抓紧时间学习军事理论。他每天工作12个小时，深夜还要自学3—4个小时。如此一来，朱可夫几乎没有了睡觉的时间。不过，他认为这些完全没有关系，可以在获得知识后再休息。他对知识的渴望实在太强烈了！

实际上，在国内战争刚刚结束的年代里，像朱可夫这样想的不止一个，那些年轻的指挥员大多都是从普通红军战士、旧军队的士兵和过去的军士成长起来的。他们在参军之前基本上都是工人和农民，缺少必要的文化和理论知识。在战争的洗礼中，他们明白了知识的可贵，每一个人都在努力学习。

1924年，俄共（布）开始改组红军。主要目标是加强红军的战斗力，并把军事科学的新发展成果吸收进去。在军事改革过程中，还改组了中央和地方的军事指挥机关，以伏龙芝为首的红军总参谋部真正成了红军的首脑机关。1925年1月，伏龙芝担任了陆海军人民委员及苏联革命军事委员会主席，成为军事改革的关键人物。他开始分步骤地起用内战时期作战积极的青年指挥员以代替一些保守的旧军官。他十分重视院校教育，并将其看成造就指挥员的主要摇篮。

朱可夫利用这个机会提高了自己。1924年7月底，加伊师长建议朱可夫到列宁格勒高等骑兵学校学习。高等骑兵学校在朱可夫他们这批学员到来后不久改称骑兵指挥员深造班，学制也由两年改为一年。校长起初由国内战争的传奇英雄维·马·普里马科夫担任，后由著名骑兵理论家巴托尔斯基继任。所教学的课目包括军事理论、政治课、骑术和调教术、野外战术训练等，除上课外，还要进行自修。每位学员都深知这次深造机会的难得，学习皆十分刻苦。朱可夫写道："回想当时学习军事知识的那种坚韧不拔、狂热的顽强性，真有些吃惊。"后来从这期深造班上走出了罗科索夫斯基、巴格拉米扬、叶廖缅科等一批与朱可夫一样的卫国战争著名将领。朱可夫很轻松地通过了考试，并且名列前茅。借这次机会，朱可夫第一次来到列宁格勒。他怀着浓厚的兴趣走遍了十月革命战斗过的地方。看遍了全城的名胜古迹。当时，他绝不会想到，17年后他会指挥列宁格勒方面军抗击强大的德军，保卫了这座伟大的城市。

在一年的学习时间里，课程安排得十分紧张，大家都拼着命学。这些战场上过来的人知道，多学一分，部队就会少一分损失，战士就会少流一滴血。朱可夫在回忆录中写道："现在，当上了年纪的时候，回想当时学习军事知识的那种坚韧不拔、狂热执着的劲头，真是有些吃惊。"学习期间，军事科学学会让朱可夫做一个《影响军事学术理论的基本因素》的报告，这件事使他很为难。他没有干过这方面的事，不知如何论述。后来，在教员和其他同志的帮助下，朱可夫完成了他的第一篇军事学术报告。这篇报告登载在学校的刊物上。在这里，朱可夫不仅学习了军事理论，还通过沙盘作业、野外战术训练等活动把理论学以致用。

学习之余，朱可夫和同学们经常进行骑马竞赛。这些骑兵部队指挥官的精彩表演引来了众多的列宁格勒人前来观看，朱可夫的特技骑乘、障碍跳跃、砍劈动作特别受大家欢迎，赢得了围观群众的阵阵喝彩。为此，朱可夫十分得意。

朱可夫不爱循规蹈矩，总爱出些新花样。深造班结业后，骑兵第42团团长萨韦利耶夫、第37团的一个连长雷巴尔金和朱可夫一起商议，决定骑马返回明斯克。从列宁格勒到明斯克有963公里，而且大部分都是田间小道，骑马返回是一件非常辛苦的事情。但是为了锻炼自己，并检验在深造班学习的成效，他们毅然把计划呈送骑兵指挥员深造班领导。朱可夫说他们准备创造一次集体乘马远行的世界纪录，主要目的就是检验一下自己所受的训练是否足以进行远距离的乘骑强行军。计划获得了批准，但沿途的兵站不能为他们组织检查站、保养和膳食。如此一来，计划就变得更加难以实现了，但他们还是克服困难出发了。

一路上，他们经历了很多困难，终于在第七天的时候到达明斯克附近，在明斯克郊区，第39团的一些战友和当地居民早已手举红旗和标语在那里等候他们了。他们立刻来了精神，两脚一夹，策马向看台跑去。

朱可夫等人向看台上的卫戍司令和市苏维埃主席行了一个漂亮的军礼，报告说："我们已顺利完成远距离骑乘。请检阅！"

人群中立刻报以热烈的掌声，欢快的"乌拉"之声此起彼伏。朱可夫等人感到骄傲极了，他们成了和平年代的英雄！

这次行动他们吃了不少苦，马匹减重8—12公斤，人员减重5—6公斤。他们的行动得到了肯定，获得了政府的奖金和首长的嘉奖，并准许短期休假。利用这一机会，朱可夫回乡看望了妈妈和姐姐，他的父亲这时已去世了。归心似箭的朱可夫立即动身，回到了故乡斯特列尔科夫卡村。在他离开故乡的这些年月里，故乡的变化很大，比从前更加贫困了。这主要是战争导致劳动力锐减，战火的破坏等原因造成的。母亲乌斯季尼娅苍老多了，但她还依然像从前一样辛勤地劳动着。姐姐玛莎已经结婚，并且有了两个孩子。朱可夫突然感到故乡有一些陌生了！好在他的两个小外甥很快给家里增添了许多欢笑。他们毫不客气地打开朱可夫的箱子，见什么东西新鲜就往外掏。朱可夫看着两个调皮的孩子，无奈地摇了摇头。两个可爱的孩子让他想到了自己的童年生活。

还没有来得及帮助母亲干多少活，短暂的假期就结束了。朱可夫赶回部队之后，发现编制有变动，第7师下辖的6个团被合并成了4个团。原布祖卢克骑兵第39团已合并到第40团，原骑兵第41和42团则合编为新的梅列克斯—普加切夫骑兵第39团。

这就意味着原骑兵第42团团长萨韦利耶夫和朱可夫必须有一个离开第7师，到其他师任职，因为他们中间只有一个可以就任新编的第39团的团长。朱可夫被师长加伊留了下来。

编后的骑兵团由原来4个骑兵连增加到了6个骑兵连，每两个连编成一个骑兵营。此外，在团的编制成内还有一个机枪连（16挺机枪），一个团属炮兵连，一个独立通信排，一个独立工兵排，一个独立化学兵排，一个团属军士学校。也就是说,团的编制比从前增加了50%,不管是兵力,还是技术装备,都得到了很大的加强。

朱可夫就任新编第39团团长之后,红军实施了单一首长制。单一首长制有两种主要形式:如果指挥员是共产党员,那么他通常同时兼政委,把对军事训练、行政管理工作和党政工作的领导集中在一人手中;如果指挥员是个党外人士,他只担负军事训练和行政管理工作,而党政工作由政委领导,政委和指挥员共同对部队的政治思想和战备状况负责。但实际上,革命军事委员会颁布的一项命令中曾提到:政委应当努力学习军事,以便以后担负指挥职务或行政职务。也就是说,布尔什维克加强了对红军的领导。从整个苏军历史看,苏军共采用过3次双长制,分别是1918年、1937年、1941年;采用一长制也是3次,分别是1925年、1940年、1942年。双长制与一长制的争论一直存在。

朱可夫作为布尔什维克党员理所当然地成为新编第39团的单一首长。他的任命是由军长铁木辛哥直接颁布的。这也就是说,朱可夫成了红军高级指挥员重点培养对象。在担任团的单一首长后,他除继续以浓厚的兴趣钻研军事理论外,也自觉加强了对政治理论的学习和研究。在历来重视政治教育和思想工作的红军队伍中,朱可夫这方面知识和能力的提高对于他日后的进步有着并非不重要的意义,也有助于他在日后尖锐的政治斗争中做出合乎时宜的表现,抵御伤害,保全自己。

朱可夫承认,"在所有军事课目中,我最喜欢战术,常常怀着特别喜爱的心情钻研它。"而且他也认为,一支部队要想在战争中取胜,"首先必须具备充分的战术训练。一支缺乏战术训练的部队就不得不在作战过程中付出不必要的代价来补课。"因此,他在担任新第39团的首长后,着重抓了对部队的战术训练，同时他对部队的骑马运动训练和战士的强健体格训练也颇下了一番功夫。

那时，朱可夫所在的白俄罗斯军区每年都要举行军事演习，在演习中各部队间要进行一些比赛。在骑兵第7师里，第39团的射击比赛成绩仅次于第40团，而在骑马运动方面，第39团在整个军区都技压群雄，无有匹敌，以致有的对手为了超过它而不惜使出了阴招。比如，骑兵第6师的一名指挥员为了在骑马赛跑中获胜，在赛马路线中途的树林里事先藏下了一匹战马，该马与他在起跑线上所骑马的毛色非常相像。赛跑的前一半路程他用最快的速度奔驰，把其他选手远远抛在身后，到达树林后，他把这匹累得半死的马悄悄交给他的传令兵，然后跨上藏下的那匹马向终点冲去。在这次比赛中，他果然超过了第39团的选手，获得了冠军。只可惜不久东窗事发，不仅冠军仍归于第39团，他还受到了严厉处分。

实际上，朱可夫卓越的军事才能在红军高级指挥员中已经广为人知了。在1927年春天，时任红军骑兵总监的布琼尼在军长铁木辛哥的陪同下视察了朱可夫所领导的新编第39团，并给予了他很高的评价。随后，白俄罗斯军区司令员叶戈罗夫也到新编第39团视察过，专门去考察朱可夫的军事才能。

1928年4月，塞尔基奇担任了骑兵第7师师长，这是一个很能干的指挥员。他接任后，立即全面展开工作，各方面都很有起色，赢得了全师上下的一致拥护。塞尔基奇对朱可夫怎么评价呢？他在关于朱可夫能力的报告中写道："朱可夫同志是一个精力充沛的、果断的指挥员。由于他在教育和作战训练方面的工作，该团在各方面都达到了要求的水平……作为一个团长和单一首长，他有良好的训练，应提前晋升为旅长。"

1929年年底，朱可夫被派往著名的伏龙芝学院的高级干部深造班学习，这是朱可夫第二次入正规院校学习。这次学习朱可夫受益颇大，令他终生难忘。当时高级干部的课程具有相当高的水平，教员们都是战术、战役方面很有修养的专家。

1930年5月，朱可夫被任命为萨马拉骑兵第7师骑兵第2旅旅长。他的好友、在列宁格勒学习时的同学罗科索夫斯基在此之前已被任命为第7师师长。他们之间很了解，关系也不错。朱可夫任旅长的第2旅由39团和40团两个团组成。朱可夫一上任就对两个团进行了详细的研究。他意识到，39团是自己的老团队，自然比较熟悉、亲近，优点了解得多一些，但如果把39团作为40团学习的榜样，40团的指挥人员和政工人员会不高兴的。于是，他努力去发现骑兵第40团的一切优点，即使是很微小的地方，也作为其他部队学习的榜样。他常常组织这两个团一起进行战术、射击及政治教育等活动，交流两个团的工作经验。

比如，有一次，两个团的党组织联席全会决定，通过进行训练法指导课，示范如何帮助落后战士转变思想。第一课由39团一个政治副连长主讲，他示范了与战士谈心等问题。然后，40团的政工人员把一群最不守纪律的战士召集在一起，通过开诚布公地谈话了解这些战士不守纪律的原因。结果发现有相当数量的战士不守纪律不是自身的原因，而是因为他们的领导不了解战士的性格和特点，不能公正合理地对待这些战士的行为而造成的。朱可夫运用这种示范作业的方法，很快收到了良好的效果，朱可夫旅成了先进旅。

20世纪20年代末、30年代初，一场前所未有的经济危机袭击了西方世界，一些帝国主义国家试图通过发动战争来摆脱危机，国际紧张局势日益加剧。出于进攻或是防御的需要，各国都尽力加强了自己的军队，而一些发达国家的军队已越来越多地得到了坦克、飞机、装甲车、新式大炮等先进武器的装备。这意味着未来战争的作战方法必会发生根本性的变化。苏联那些有远见的军事家们也敏锐地意识到了这个问题，并非常及时地对未来战争问题展开了研究。早在1925年1月，伏龙芝就在俄共（布）中央全会上指出："从技术、从作战方法上看，未来的战争将不同于我们国内战争。"1929年出版的《伏龙芝选集》，更是具体阐述了未来战争中人与技术兵器的关系、未来战争的性质、各军种的协调发展，以及后方与前线的关系。

沙波什尼科夫在20世纪20年代末出版的军事巨著《军队的大脑》中，用大量的历史资料，全面阐述了总参谋部的作用，提出了许多重要的军事战略原则。

这一时期，著名军事理论家图哈切夫斯基在其著作中研究了未来战争的性质，新的军事理论原则和战略、战役、战术的新原则，并提出了许多卓越的见解。

红军副总参谋长特里安达菲洛夫在其《现代军队的作战特点》一书中，指出了用技术装备军队和组织军队的基本途径，并特别强调了坦克在未来战争中的作用。

特里安达菲洛夫在书中还探讨了战役学问题，师、军、集团军和集团军群进攻和防御能力的数据，研究了向战场开进、战役的持续时间和纵深、进攻正面的宽度、防御战役等问题。

此外，加米涅夫、科尔克、乌博列维奇、亚基尔等军事领导人和军事理论家，在这一时期也出版了具有重要军事学术价值的著作。

朱可夫在莫斯科高干深造班学习期间，不仅接受了关于现代战争的战术和战役等方面的一些教育，而且他对上述先进的军事学著作进行了广泛地收集和阅读。他写道：当时"精神食粮已够多了，只是来不及消化"。而1930

年末至1933年春他在红军骑兵监察部长达两年半的任职，恰好为他消化这些"精神食粮"和汲取其营养提供了良好的机会。

在学校里，朱可夫仿佛掉到了一个广阔无垠的知识海洋之中，在兴奋之余又感到精力的不足。除了谈书外，高干班课堂还经常组织旨在培养创造精神的讨论，讨论会上常常爆发激烈的争论。同朱可夫争论最多的是戈尔巴托夫，他是骑兵第2军的一个旅长，是一个知识渊博、思维敏锐、富有辩才的指挥员。同他辩论，使朱可夫获益匪浅。在高干班里，朱可夫和同学们一起深入地研究了一系列极其重要的战役战术题目，进一步熟悉了现代武器及技术。

军事生涯的转折

1930年春，朱可夫从高干班回到了自己的部队。他把所学到的理论用于实践，不断验证，不断融进自己的创造，军事素养更趋成熟。1930年年底，朱可夫被任命为红军骑兵监察部的助理，他得以从更高层次认识战役战术问题。但朱可夫得到通知时并不高兴，尽管骑兵监察部在红军中有很重要的地位，但朱可夫认为他和第7师太有感情了，他已是这个和睦的萨马拉人家庭中不可分离的一员。但服从命令是军人的天职，朱可夫最后还是服从了上级的安排。临行时，39团、40团的全体军官为他举行了欢送宴会，师首长也应邀参加。参加完同志们为他准备的欢送会后，朱可夫去了明斯克一趟。看着这座熟悉的城市，他感慨万千，他在这里生活了8年，在这里结婚，并生下了女儿艾拉。当天晚上，他便带着妻子基叶夫娜和两岁的女儿艾拉，拎着简单的行李，动身前往莫斯科去了。

这时的骑兵监察部由布琼尼领导。朱可夫被指令分管骑兵战斗训练，主要是考虑到他有这方面的丰富经验。1937年3月，陆海军人民委员部下辖的各监察部和军训部共同召开了党员大会，朱可夫当选为党组织书记。当时骑兵监察部除进行日常工作的检查外，还组织首长——司令部演习、野外演习以及交流军事训练先进经验的各种集训和作业。在监察部，朱可夫参加了制定各兵种和勤务部门的条令和教令的工作。这些条令属于红军的第二代条令，它们的一个鲜明特点是要求把战斗看作是诸兵种协同战斗，认为战斗的胜利取决于诸兵种协同作战。同时，还规定了使用坦克、组织对坦克防御、对空防御和对化学武器防御以及使用航空兵和工程兵的方法。这些条令反映了苏联军事科学的最新成就和现代技术发展水平。

在监察部工作期间，朱可夫进一步接触到了当时任第一副人民委员的著名军事家图哈切夫斯基。1921年，他见到过图哈切夫斯基，但那次没有交谈。经过几次接触，朱可夫对图哈切夫斯基十分敬佩。他发现，图哈切夫斯基对军事科学的广泛知识是常人无法比拟的，他尤其对战术和战略问题有十分深刻的见解。比如，在1930年年初，他就提出，苏联的头号敌人是德国，它正在准备大规模战争，矛头首先是针对苏联的。他之所以看问题入木三分、符合实际、富有远见，一是他对苏联武装力量各个不同的军兵种在现代战争中的作用十分了解，实践经验非常丰富；二是他在战略和战术方面得出的一切原则性结论，都是以国内外科学技术的迅速发展为依据的。他始终认为，科学技术的迅速发展对武装力量的组织和未来的作战方法有决定性影响。

朱可夫是一个很有主见的人。有一次，他把拟定好的《骑兵战斗条令草案》提交图哈切夫斯基审查。图哈切夫斯基提了不少意见，朱可夫不止一次地坚持自己的意见，但最后，朱可夫不得不举手"投降"，因为图哈切夫斯基的意见太有分量、太有说服力，让人口服心服。经过图哈切夫斯基修改的这个草案，下发后受到部队的赞扬。

20世纪30年代，国际形势日益紧张。1929—1933年的资本主义世界经济大萧条让德国、日本、意大利逐渐走上了军国主义的道路。1931年，日本军队不宣而战，侵入中国东北，将侵略的矛头直指中国和苏联。1933年1月，以希特勒为首的德国法西斯掌握了德国的政权。德国、日本、意大利等国家在军国主义的道路上越走越远。

苏联也在积极实施工业化，发展军事工业，大力训练部队，以应对可能发生的战争。在骑兵监察部工作期间，朱可夫参与拟订了工农红军骑兵战斗条令草案，并参与了骑兵部队的改编工作。改编后的骑兵师编制内有4个骑兵团、1个机械化团和1个炮兵团。骑兵团由4个骑兵连、1个机枪连、1个团属炮兵连、1个独立防空排、1个独立通信排、1个独立工兵排、1个独立化学排和有关后勤机构组成。机械化团配有BT—5式坦克。这样，骑兵部队的技术兵器和火器大大增强，已能用自己编制内的火器和用坦克突击的方法为自己开辟前进道路。

这一时期，苏联军事学术取得了一项重要成就，即纵深进攻理论的诞生。这一理论的主要内容是：首先对敌人的整个战术纵深同时实施突击，以突破敌人正面；然后，立即将机械化部队投入突破口，并在空军协同下向敌整个战役防御纵深进攻，直至全部消灭敌军集团为止。这一理论的特点就是大量使用坦克、航空兵、炮兵、空降兵，实施全空间、多方位的立体战争。这一理论在当时世界军事领域中是处于领先地位的。朱可夫熟练地掌握了这一理论，并把它体现在新的战斗条令之中。

朱可夫在监察部的这几年，正是骑兵受到高度重视的时期。因为当时骑兵部队机动性好，军事素质高，战斗力强，大多数骑兵部队都驻扎在极为重要的战略方向上，责任十分重大。这样，朱可夫得以较快地掌握现代战争的理论及技术，取得总部工作的丰富经验。

1933年3月的一天，监察部副部长科索戈夫告诉朱可夫，已向人民委员伏罗希洛夫推荐，准备任命朱可夫为骑兵第4师师长，问朱可夫意见如何。朱可夫十分兴奋，他说担任这一著名的骑兵师师长职务，他感到非常荣幸。他内心知道，这个任命意味着领导层对他的信任和赏识。

这里，有必要介绍一下骑兵第4师的情况。骑兵第4师是以伏罗希洛夫的名字命名的，是骑兵第1集团军的主力部队。伏罗希洛夫在该师的继任就是布琼尼，布琼尼曾率领此师出生入死，立下了赫赫战功。他曾写了一本名为《光辉的路程》的书，详尽描述了骑兵第4师取得的辉煌胜利。这个师还培养出了一大批优秀的有才干的指挥员和政工干部。在国内战争时期，这个师表现出惊人的勇敢和集体英雄主义精神。在1931年以前，第4师在列宁格勒军区，驻扎在以前沙皇时期近卫骑兵部队所驻的地方。1932年，第4师被匆忙调往白俄罗斯军区，归属第3军指挥，驻在斯卢茨克城。由于这一错误的决议，导致第4师用了一年半的时间来建筑营房、马厩、司令部、住房、仓库和训练设备。一支训练有素的优秀作战部队就这样变成了一支蹩脚的劳动部队，纪律松散，常出现病马。第3军的领导对第4师不能提供任何帮助，因为该军编成内的其他部队也处于同样状态之下，都同样是仓促调到这个军区来的。

由于换防仓促，各方面的设施都没建立，对全师的总体状况和战备造成了极严重的影响，因此出了若干次事故。白俄罗斯军区司令员乌博列维奇没有好好分析原因，就把此事报告了伏罗希洛夫。伏罗希洛夫很不高兴，把这一情况转告给了布琼尼，要他物色一个新师长。布琼尼对朱可夫十分赏识，力荐朱可夫，得到了伏罗希洛夫的认可。

朱可夫对第4师的情况了解得很少。他在骑兵监察部工作期间曾到过这个师一次，但时间很短。除了原师长克列特金、政治副师长尤格、参谋长韦尔托格拉德斯基、机械化团团长诺维科夫等几个高级指挥官之外，他谁也不认识。不了解自己的部属，如何开展工作呢？朱可夫就像面对一团乱麻一样，一时半会儿理不出个头绪。到达第4师后，朱可夫通过听取师里领导的汇报、深入各团队调查等方式，试图"彻底了解情况，弄清缺点之所在，找出原因，并同指挥员和政治工作人员一起研究克服缺点的途径"。

了解了大致的情况之后，朱可夫决定亲自到部队和分队了解情况，找出原因，研究克服缺点的途径。当经过一段时间的调查了解，朱可夫果然发现了不少问题。例如，对部队的军事训练缺乏必要的监督，对执行命令缺乏应有的严格要求；未能及时研究、总结和推广军事训练中的先进经验，每个部队都在闭门造车，以致出现了这样的事情：某个部队经过巨大努力"发现了"某项训练的较完整的新办法，可是这个办法在另一个部队却早已是老办法了。

随后，朱可夫又亲自去了解了骑兵第20、21、23团，骑炮兵第4团和机械化第4团，以及师的独立骑兵连的情况。与此同时，朱可夫还从侧面了解了师司令部和分队指挥员、政治工作人员的情况。朱可夫发现，整个师无论是部队还是司令部都存在一些问题。他决定召开党的积极分子大会，让大家自己分析师里的成绩和问题。党的积极分子大会开得很成功。在党员的发言中，朱可夫发现他们每一个人都有一种要求立即克服现存缺点的决心，并对那种把纪律松懈、军事训练效果差的原因归结于客观条件的情绪进行了严厉的批评与自我批评。

朱可夫的心里有了底，第4师之所以走下坡路是因为政治工作薄弱、军事训练没有抓紧造成的。因为全师把全部精力都投入了营房等基础建设方面。于是，朱可夫决定立即按计划组织军事训练，全面展开党政工作，将营房建设和其他事务性工作用专门规定的日子来完成。

在军事训练方面，朱可夫集中主要力量对各级指挥干部进行教学法训练。从每个团里挑出一项最强的项目进行示范，以先进促后进，以点带面，提高全师的整体水平。在训练的内容上，他把主要力量放到对中上级指挥人员进行战术训练上。他认为，战术训练是全部军事训练的最重要部分，只有在战术上很有修养的指挥员在平时才能训练出过硬的部队，在战时才能以最少的牺牲获取胜利。

为了接近实战，他在大部分训练日程里把全师拉到野外，仔细研究在复杂条件下作战的组织和实施。他还有意识地培养全师上下学习军事技术的浓厚气氛。全师成立了几十个军事技术小组，听军事报告，参加各种技术和武器知识竞赛。

在战术训练中，朱可夫处处按实战进行要求。他通常对演习企图严格保密，对参加演习的团发出战斗警报，指定集合区域，在集合区域向团领导说明战术情况，发出战斗命令，规定他们实施机动，通过难以通过的地域，包括沼泽或森林地带。在这种情况下，他通常不给这些部队加强任何工程器材，以便训练各级指挥员善于靠自己的力量，利用就便器材脱离困难的能力。

演习中，朱可夫极力培养指挥人员善于隐蔽部队和分队行动的能力，以保障对敌人进行突击时的突然性，达到出奇制胜的效果。

20世纪30年代，骑兵仍然是地面部队中机动力最强的兵种之一，适于用来迅速迂回，如包围或对敌人翼侧和后方进行突击。骑兵装备了坦克和榴弹炮等新式武器之后，不但能够摧垮敌人的抵抗，而且还能完成进攻战斗的任务和实施顽强的防御。朱可夫在骑兵第4师进行的种种训练对他日后成为坦克战专家，能够指挥机械化部队驰骋战场起到了很大的作用。毫无疑问，他之所以能够成为战场上胜利的永恒象征，与他平日里注重理论学习和实战训练是分不开的。

由于朱可夫的大力改革，到1935年，骑兵第4师的情况得到了很大的改观。此时，不但营房建筑任务全部完成，士兵们在政治教育和军事训练等各个方面也都取得了很好的成绩。在白俄罗斯军区的年度校阅中，第4师在各方面的表现都受到了军区首长的肯定。苏联政府决定授予第4师最高荣誉奖励——"列宁勋章"，朱可夫本人由于在重振第4师的过程中功勋卓著，也被授予了"列宁勋章"。那一天，全师在斯卢茨克城内的一个操场上摆开了乘马列队。军旗飘飘，军乐齐鸣，整个场面十分庄严。朱可夫向布琼尼元帅报告了第4师的工作，很显然，布琼尼对此是十分满意的。他在庄严的气氛中登上检阅台，随后他向朱可夫发出了信号。在几名助手的陪同下，朱可夫举着师的军旗跑步靠近检阅台。布琼尼元帅把"列宁勋章"别在军旗上，朱可夫上举着军旗跑步在队列前驰过。士兵们立刻发出了经久不息的欢呼声。骑兵第4师终于在朱可夫的领导下重振了昔日的雄风。

担任一段时间的师长后，朱可夫更加认识到建立大规模坦克部队的重要性，认为应独立发挥坦克部队的作用。这时，苏军已成立了世界上第一批机械化军。每个军编制内有2个机械化旅、1个步兵机枪旅和1个独立高炮营。一个军当时大约有500辆坦克、200辆汽车。

尽管组建了机械化军，但苏军内仍有一种意见，反对建立专门的装甲部队，认为装甲部队只有分散在步兵及其他部队中才能发挥作用，持这种意见的人不少是国内战争时期的著名将领，因此，对最高统帅斯大林的影响很大。

在这种情况下，朱可夫通过红军参谋长沙波什尼科夫向最高领导层反映，在现代战场上坦克可以起独立的作用，这个新的强有力的武器不应和行动缓慢的步兵部队一道展开，这样会降低它的威力。朱可夫在坦克部队管理上是有一套的。他对坦克部队的战术使用及管理的深层研究和丰富的实践经验，使他的意见很有说服力，曾一度说服了最高领导层，占了上风。后来，斯大林又被另一种意见说服，解散了大的坦克部队，把坦克部队以团或营的规模编到了步兵师或骑兵师里。对此朱可夫也无可奈何。只有到了1941年苏军大规模溃败时，朱可夫的正确意见才得到证明。

1935年，骑兵第4师被调出骑兵第3军，编入骑兵第6军。从1936年4月起，该师更名为顿河哥萨克第4师，并开始着哥萨克的制服。当年秋季，该师参加了一次国防人民委员伏罗希洛夫元帅和红军总参谋长叶戈罗夫元帅均到场的军区的重要演习，并在演习中担负了很艰巨的任务——强渡别列津纳河并消灭对岸的敌人。朱可夫把全师集中在渡河地域，并将其妥善地隐藏在距别列津纳河四五公里的森林地带后，正打算给指挥员们做关于强渡该河后与友邻部队进行战术协同的口头指示，但还尚未来得及打开地图，伏罗希洛夫、叶戈罗夫和乌博列维奇就突然乘车来到了指挥所前。朱可夫忙向他们报告了自己的姓名和职务，接着又报告说，本师已做好了渡河准备，各部队指挥员正在这里听取最后的指示。听完之后，伏罗希洛夫又问起了强渡江河中坦克在超过自身高度的深水中行进的问题，在听机械化团团长对此做了详细的说明后，伏罗希洛夫转向他过去在骑兵集团军里认识的该师指挥员和政治委员，很亲切地对他们讲了一番话。他这番话讲得很有水平，既表明自己在升职以后依然没有忘记当年的老战友，又出于对老战友可能跟不上新形势的担心，以开玩笑的口吻对他们进行了勉励。他说："我们的骑兵发生了多大的变化啊！在国内战争时期，我同布琼尼在整个骑兵集团军只有几辆原始的装甲车，而现在呢，每一个骑兵师就有一整团出色的坦克，可以靠自己的力量通过复杂的江河障碍。怎么样，我的老朋友，你对坦克怎么看法？"他问科斯坚科，"坦克不会使我们上当吧？也许马匹更可靠，嗯？"科斯坚科表示，现在虽然还不能抛弃马匹。"但是我们应对坦克给予充分注意，它是新型的快速机动兵种。"

"你怎么看呢，政治委员？"伏罗希洛夫转而问他的另一位老相识津钦科。津钦科回答道："如果我对装甲坦克兵器的前途表示怀疑的话，那我就是一个可怜的、可以说是完全不合格的机械化团的政治委员了。我认为，应尽快地发展机械化部队，特别是坦克兵团，而目前我们还太少。"

这样的回答让伏罗希洛夫感到很高兴，因为他推己及人，清楚地知道对他们这批老战士来说，抛却对马匹的感情而爱上坦克，并非是件易事。伏罗希洛夫一行与朱可夫他们告别后，立即去了他们师即将行动的地域，显然他们要亲自观看这个师渡河。

在30分钟的炮火准备后，该师各部队的先遣队在正面接近河岸。一个中队的飞机沿河岸低低飞过，施放烟幕，成功地遮断了"敌人"的视线，掩护登陆兵第一梯队的行动。当烟幕开始消散时，先头分队已到达对岸，而当烟幕完全消散时，机械化团的15辆坦克已爬上"敌"岸，在行进中进行射击，迅速接近了在已夺取的登陆场上实施进攻的分队。不久，全师都到达对岸，击退了"敌人"，顺利地向前推进。

在进行讲评时，伏罗希洛夫对朱可夫的骑兵第4师给予了很高的评价，称赞该师渡河组织工作做得好，坦克手们具有创新精神，敢于强渡并且成功渡过了像别列津纳河这样深的河流。他对朱可夫的印象也因此更加深刻。

朱可夫担任骑兵第4师师长四年有余，此间他除去自己得到了很大锻炼，战役战术水平有了很大提高外，还正如我们所看到的，他把这个被乌博列维奇称作"已没有战斗能力并失去了优良的战斗传统的师"重新训练成了一个虎虎生威的明星师。而他之所以能让这个师发生这样大的变化，除去他卓越的组织领导能力外，与他不甘人后、争创一流的上进心和特别能吃苦的精神大有关系。

1937年初夏，朱可夫从骑兵第4师师长一下子提升为骑兵第3军军长，1938年年初又调任骑兵第6军军长。这时军队中的"大清洗"正值高潮。

1936年下半年至1937年上半年，军队里就有一批人因被指控与托洛茨基和季诺维也夫分子有联系而遭到逮捕，其中包括一些著名军事将领和国内战争的英雄。

1937年6月11日，报纸发表了关于逮捕图哈切夫斯基、乌博列维奇、亚基尔、费尔德曼、科尔克等著名军事将领并把他们送交军事法庭审判的消息。

至1939年第二次世界大战爆发前，军队中被逮捕且被枪杀的人数是：5名元帅中的3人，16名集团军司令、副司令中的15人，67名军长中的60人，199名师长中的136人，397名旅长中的221人；4名海军高级将领中的4人，6名海军上将中的6人，15名海军中将中的9人；17名集团军政委、副政委中的17人，29名军级政委中的25人，97名师级政委中的79人，36名旅级政委中的35人。

这场大清洗产生的后果在后来关键性的几年中逐步表现了出来：在芬兰战役中的惨败，在1941年6月遭到德国进攻时一触即溃就是证明。

值得庆幸的是，在这次大清洗中有几位有才能的将领得以保留，比如，沙波什尼科夫、华西列夫斯基、朱可夫、罗科索夫斯基、科涅夫等，这些将领的起用，使红军在二战初期遭受挫折时能够重新振作起来，并取得最后的胜利。

到了军长岗位之后，朱可夫感到自己对战略问题研究不够，处理具体问题的层次还不够高。同时，他也开始体会到了"大清洗"带来的后果；即新提上来的干部知识能力不够，实践经验不足。因此，朱可夫开始下功夫研究战略、战役问题。他阅读了大量的战史材料、经典军事学术著作和各种回忆录。过去他对马克思主义方面的经典著作读得不多，任军长以后，他时常感到在把握国家大政方针、外交政策方面不敏感，对许多政策理解得不透。他认识到，高级指挥员必须要熟知政治，具有政治头脑，否则，他就不可能在关键时刻具有很强的决策能力。于是，他先后读了马克思的《资本论》和列宁的哲学著作，尽管很吃力，但他硬着头皮攻了下来。

与此同时，朱可夫十分重视培养属下的年轻干部。他说，对他组织的每次作业或演习，若是司令部和年轻军官们感到有明显的收获，他就非常愉快，因为这是对他所付出劳动的最大奖励。如果他们没学到任何新东西，这便是对指挥员良心的直接责备，说明他很不称职。这就是朱可夫，一个天生的将军。这并不是说他天生具备当将军的知识，而是说把他放在什么岗位，他就能很快弥补自身不足，发挥自身长处，适应职务的要求。

1938年末，42岁的朱可夫由骑兵第6军军长升任白俄罗斯特别军区副司令员（叶廖缅科接任第6军军长），这就是说，从1937年夏至1938年末的约一年半的时间内，他实现了从师长经过军长到一个大军区副司令员的两级跳。他的升迁之所以这样迅速显然与当时的"大清洗"运动有关，"大清洗"运动使军中极其缺乏优秀的领导者，这为朱可夫大展拳脚提供了机会。

作为军区副司令员，朱可夫平时的任务是领导军区骑兵部队的军事训练和按作战计划规定应与骑兵部队共同行动的独立坦克旅的军事训练；而一旦战争爆发，按照职责规定，如果战争爆发，作为副司令员的朱可夫应指挥由4—5个骑兵师、3—4个独立坦克旅和其他加强兵器组成的骑兵机械化集群，这对朱可夫来说，是一个新课题，同时，也为他提供了一个施展战略才能的机会。

第五章

哈勒欣河 声名远播

巴英查岗山之战

随着形势发展，欧洲局势风云弥漫，大有一触即发之势。与德、意法西斯相呼应，日本军国主义在远东地区日益猖狂，制造纠纷。斯大林对苏联边境地区忧心忡忡，为此，他下令苏联武装军队高度戒备，采取各种必要措施防止日军的入侵。苏联对日本军国主义急剧膨胀的扩张野心早就有所察觉，做了一些防范工作，组建远东方面军，建立太平洋舰队。1936年3月，又和外蒙古签订了互助协定。

与德、意法西斯相呼应，日本军国主义终于露出了狰狞的面目，挑起了全面侵华战争。当时，外蒙古建立了不被中国政府承认的亲苏政权。日军多次在边界挑起事端，制造纠纷，试探苏联红军的力量。斯大林对苏联边境地区忧心忡忡，为此，他下令苏联武装军队高度戒备，采取各种必要措施防止日军的入侵。1938年夏季，日军在哈撒湖地区发起了大规模的战役性行动（即张鼓峰事件），企图通过与中国军队、苏联军队两线作战提高日本军队的"威望"，并切断苏联对中国抗日战争的援助。

在这次战役之中，虽然日军被击退了，但苏联红军远东部队的机动性和司令部的工作也暴露出了许多严重的缺点。11月，国防人民委员伏罗希洛夫在总结这次战斗时，指出了苏军自身建设上的种种不足。随后，国防人民委员会的总军事委员会采取一系列重大步骤，以改善远东军队的战斗状况，加强边境防护力量。

日军失败后并没有死心，决定在哈勒欣河地区发起新的更大的战斗。为了一举成功，日军在战前做了许多准备。为便于集中兵力，他们增加了哈尔滨—海拉尔铁路的运输量，同时还修建了一条从索伦到甘齐珠尔的新铁路。1939年4月，日军派了一支特别先遣队到哈勒河欣地区绘制地形图。5月初，日本又派侦察机开始在作战地区上空进行侦察飞行。可以说，日本在战前对哈勒欣河地区苏军兵力的配置和当地自然条件，心中是有数的。

1938年，张鼓峰战斗期间，朱可夫在前线

哈勒欣河地区是一大片开阔地。河的东岸是荒无人烟的草原，遍地丛生着杂草和灌木，地形有一定幅度的起伏，坦克等机械化武器不宜展开。在设立渡口的地方，哈勒欣河宽约30—40米，水深约2米，流速为每秒1米，只要有渡河工具，渡河并不困难。按照日军得到的情报，这一带军队防御很薄弱，附近只有少数边防哨所，没有外蒙古正规军。驻在外蒙古的苏军独立第57军，距此还有近500公里。实际上，哈勒欣西岸的台地比东岸高，从东岸看不到西岸台地上的情况。苏军利用这一有利地形，在西岸台地上部署了炮兵部队，以便对东岸的部队进行援助。由于苏军巧妙的伪装，日军的地面侦察没有发现这一情况，日军的空中侦察也被瞒过了。

于是，日本人的胆子开始大起来了，1939年4月，日本关东军司令植田谦吉命令所属部队开到哈勒欣河，在空军的配合下，与蒙古边防军发生战斗。双方都抓紧调兵遣将，战争形势一触即发。截至5月底，苏军从坦克第11旅调来一个机枪营，并以一个装甲连、一个工兵连和一个炮兵连来加强。外蒙在军调来了骑兵第6师，加强与苏军的配合。日军在哈勒欣河东岸集中了1600多名步兵，900名骑兵和40架飞机，与此同时，双方仍有部队不断向作战地区进发。

5月28日、29日，双方发生了一次较大规模的试探性战斗，主要情况是这样的：28日，日军挑起事端，主动进攻苏、外蒙古队，企图从两侧包抄，切断他们与哈勒欣河上渡口间的通路。战斗打响后，数量上占优势的日军攻势很凶，苏军不得不向后撤退。但很快苏军就调整了部署，用炮兵和一个步兵连阻击日军，稳住了阵脚。正当双方对峙的时候，苏军步兵第149团乘车火速赶到，立即投入战斗。经过一夜的战斗，战局得到了扭转。29日晨，苏军和外蒙古军队发起反攻，一口气把日本人赶回边境线。在这次战斗中，日军伤亡了400多人。这次战斗后，双方都迅速大规模地调整部署。苏军以后贝加尔军区为基础，组成远东方面军，并在前线组建第一集团军，下辖三个步兵师，两个坦克旅、一个空降旅和一个炮兵团。日军也开始升级，由关东军司令部直接指挥，紧锣密鼓地调整部署，增加兵力的投入。一次大规模的战役即将爆发。

此时在白俄罗斯，朱可夫正在主持军区的一次例行演习。演习结束后，他定于6月1日在位于明斯克的骑兵第3军司令部进行讲评。突然，军区军事委员苏赛科夫通知他，莫斯科电话通知，令他立即动身，向国防人民委员伏罗希洛夫报到。

朱可夫不敢怠慢，急忙乘坐当地开往莫斯科的第一趟列车匆匆出发了。6月2日清晨，朱可夫按时走进了伏罗希洛夫的接待室。

伏罗希洛夫对朱可夫说："日军突然侵犯我友邻外蒙古的边界。根据1936年的苏与外蒙古条约，苏联政府有责任保卫外蒙古不受任何外敌侵犯。"而后，要朱可夫立即飞往前线。

6月5日晨，他们到达距前线120公里的塔木察格布拉克，这是相当于前敌指挥所的57军司令部所在地。朱可夫对前敌指挥所设在距前线这么远的地方不满意。经过初步了解，朱可夫更不满意了。他发现军队的领导大都不了解真实情况，主动性很差，思想也很麻痹。

情况远比朱可夫预料的要糟糕，司令部的所有指挥人员，除了政委尼基舍夫以外，没有人到过发生冲突的地区。朱可夫建议军长费克连科立即到前方去，仔细地研究一下情况。但费克连科马上回答说："莫斯科随时可能来电话找我，不如让尼基舍夫同志陪你去吧！"

朱可夫对这个军长越来越不满了。一路上，尼基舍夫详细地向他介绍了军里的情况、军队的战斗力、司令部，以及一些指挥员和政工人员的情况。朱可夫对尼基舍夫的工作表示十分满意，因为他了解自己的部属，对他们的优缺点很清楚。

通过对各种情况的分析，朱可夫敏锐地认识到，这不是一般的边境冲突，日军并未放弃其侵略苏联远东地区和外蒙古领土的野心。他预测，不久会发生大规模的战役。

朱可夫对形势及双方兵力全面考虑后，得出结论认为，苏军第57独立军驻外蒙古的兵力无力阻止日军的军事冒险，特别是如果日军同时在其他地域和其他方向发动进攻的话，该军就更无能为力了。

朱可夫回到塔木察格布拉克的指挥所后，同其他领导详细交换了情况及自己的看法。然后，朱可夫向伏罗希洛夫写了报告，详细汇报冲突地区的情况及对敌我双方考察后的结论，并提出了苏军与外蒙古军队的行动计划。行动计划的核心思想是：坚守哈勒欣河东岸的阵地，同时准备以纵深进行反突击，击溃来犯之敌。

报告通过电报发出后，第二天便收到了回答。伏罗希洛夫与斯大林商量后，完全同意朱可夫对情况的判断和下一步的行动计划。同一天，伏罗希洛夫发布命令，解除费克连科第57特别军军长职务，任命朱可夫接任军长。

苏军统帅部对这次战役十分重视，遵照最高统帅的指示，对朱可夫是有求必应，全力保障。例如，朱可夫要求加强空军力量，增调不少于3个步兵师和1个坦克旅的兵力。仅过了24小时，总参谋部就来了通知，明确表示同意朱可夫的要求。增派的空军力量中，还包括21名荣获苏联英雄称号的飞行员，领队的是朱可夫在白俄罗斯军区就很熟悉的著名飞行员斯穆什克维奇，同时还送来了新型飞机——伊—16及"鸥"型飞机。在朱可夫的领导之下，一切作战准备工作都在有条不紊地进行着。苏日之间的一场大战已经到了一触即发的境地。

6月22日，苏、日空军在外蒙古上空爆发激烈的空战。苏军参战的有96架歼击机，日军为120架。尽管苏空军在数量上处于劣势，但苏空军的不少英雄飞行员参加了此次空战，他们的技术好，敢拼命，结果给日本空军造成沉重的打击，取得了第一次空战的胜利。6月24日，日本空军再次进行密集袭击，但又遭到失败。日军指挥部一看情况不妙，顾不得编队，急急忙忙地将日机撤出战斗。

两次失败后，日军仍企图夺取冲突地区的制空权，日军指挥部把在中国作战的所有部队中最优秀的空军力量调来参战。6月26日，近60架日机进攻苏军阵地，在外蒙古贝尔湖上空与苏军发生激战。这次空战十分激烈、残酷，双方都出动了最强的阵容。尽管日军花了血本，但最终仍未取胜。

在这三次空战中，日军共损失了64架飞机，苏军也有一定的伤亡。6月26日后，空战虽然规模小了一些，但一直没间断。通过这一系列的空战，苏军飞行员提高了技能，锻炼了必胜的意志。

7月初，在战争一触即发的前夜，苏、日双方兵力对比的情况是：日军兵力3.8万人，拥有135辆坦克，10辆装甲车及125架作战飞机。苏、外蒙军队兵力只有1.25万人，要防守哈勒欣河东岸46英里的战线，兵力比较分散。但苏军的装甲部队处于优势，有186辆坦克和226辆装甲运兵车，这给坦克部队出身的朱可夫一个施展才华的好机会，朱可夫也得以利用这次难得的实战机会考验了苏联坦克和战术的效果，积累了宝贵的经验。

7月2日，日军发动了进攻。由于日军在兵力上处于三倍于苏军的优势，日军作战意图是全面包围哈勒欣河东岸的全部苏、外蒙军队，进而全部消灭之。他们的作战计划是：用一支强有力的部队，绕过苏军防御正面，从左侧偷渡哈勒欣河，夺取巴英查岗山，实施迂回包围，从后方展开猛烈攻击。进攻按此计划开始后，最初比较顺利。日军的步兵和坦克按预定位置插入苏、外蒙阵地，一直推进到河边才遇到苏军的狙击。7月2日夜晚，日军开始偷渡哈勒欣河，到7月3日凌晨已完成了这一行动。然后，他们继续向南推进，准备迅速攻占巴英查岗山，包围河东岸的苏、外蒙军队。

7月3日拂晓前，外蒙古军的苏联总顾问阿弗宁上校到巴英查岗山视察外蒙古军骑兵第6师的防御。他出乎意料地发现，日军已乘夜色偷渡了哈勒欣河，正向外蒙古军骑兵第6师进攻。由于日军在数量上占优势，加上外蒙古军准备不足，日军很快占领了巴英查岗山及其邻接地区。外蒙古军骑兵第6师撤到巴英查岗山西北地区。阿弗宁上校意识到了形势的严峻，便迅速赶到苏军前敌指挥部，向朱可夫报告了巴英查岗山一带的情况。指挥部里空气顿时紧张起来。因为情况很明显，从这个地域展开进攻，日军可以丝毫不受阻拦地对苏军主要集团的翼侧和后方进行突击。

朱可夫冷静地分析了日军的意图，立即决定发动三路反攻。坦克11旅由亚科夫列夫旅长带领从北面反攻；摩托步兵第24团由费久宁斯基上校率领从西北方面反击；摩托装甲第7旅由列索维伊上校带领从南面向敌人突击。朱可夫命令所有部队接到战斗警报后立即出动，毫不迟疑地向巴英查岗山前进，并在行进间发起进攻。

兵贵神速。7月3日凌晨，朱可夫和几位助手火速赶到了巴英查岗山地区，连发三道命令：命令炮兵第185团的重炮营派出侦察群并对日军集结地域发动炮击；命令位于河东岸用以支援摩托装甲第9旅的炮兵向巴英查岗山上的日军炮击；命令所属苏军飞机接到战斗警报后全部起飞。

上午7时，苏军第一批轰炸机和歼击机飞抵巴英查岗山上空，开始对日军进行轰炸和强击。在己方实施反突击的预备队到达以前，用空军的袭击和炮兵的火力把敌人控制并阻止在作战区域，是朱可夫的重要战法。

上午9时，苏军坦克11旅前卫营的先头分队进抵巴英查岗山地域。9时15分，朱可夫见到了随前卫营行动的坦克11旅旅长亚科夫列夫。朱可夫和亚科夫列夫一起分析了当前的敌情和三路苏军的力量。

这时，双方直接在巴英查岗山的兵力对比是，日军有1万多人，而苏军只有1000多人；日军有100门火炮和近60门的反坦克炮，而苏军只有50多门炮。但是，苏方参加战斗的王牌部队坦克11旅有近150辆坦克，战斗力很强。朱可夫下了死命令，命令所有部队再加快行动，进攻时间不能迟于10时45分。至10时30分，苏军三路反攻部队都已到位。

苏军的反攻10时45分准时开始，造成了战役的突然性，取得了预想的效果。苏军如从天降，日军陷入一片混乱。有一个名叫中村的日本士兵在他的日记中描绘当时的情形说："几十辆坦克突然向我们冲来。我们当时惊慌失措；战马嘶叫，拖着火炮前车四处奔跑；汽车也四处乱窜；空中我军两架飞机被击落。官兵上下都胆战心惊。我们嘴里越来越常说的字眼是'可怕''可悲''心惊胆战''惊心动魄'。"

日军在三面包围的情况下，进行拼命挣扎，企图守住巴英查岗山头。7月4日，日军发起反攻，但被苏军空军和炮火的猛烈轰炸所挫败。当天晚上，苏联红军向山头发起总攻。到5日下午，红军攻占了巴英查岗山头，日军的抵抗被粉碎。日军见势不妙，便开始仓皇向渡口撤退，企图渡过哈勒欣河。具有讽刺意味的是，日军工兵由于害怕苏联红军坦克突破后长驱直入，已把唯一的浮桥炸掉了。为了求生,很多日军官兵在泅水时淹死了。日军第6集团军司令官荻州立兵将军看到局势不妙,于7月3日晚就撤到了河对岸。荻州立兵事后仍心有余悸地称"那是一个可怕的夜晚"。

7月5日晨,巴英查岗山和哈勒欣河西岸已无枪声。这次战斗以日军的失败而结束。日军上千具尸体,大量被击毙的马匹,一堆堆被击毁的火炮、迫击炮和车辆铺满了巴英查岗山。这一仗是苏军积极防御的典范,体现了朱可夫的作战风格。朱可夫对自己作为一名高级指挥员首次指挥诸兵种协同作战的现代化部队打得这一胜仗非常自豪。

哈勒欣河大胜日军

日军虽出师不利，吃了败仗，但并未放弃其既定的侵略计划。他们一方面沿全线加强了防御：挖掘堑壕，构筑掩体部，进行工程作业加固阵地等；另一方面大量补充兵力兵器，试图发起新的、带有决定意义的进攻。至8月1日，日军的总兵力（包括伪满军在内）已达75000人，装备着304挺重机枪、500门多人操作的火炮、182辆坦克、300—500架飞机。8月10日，集结起来的各部队组成日军第6集团军，由荻州立兵将军负责指挥。他们预定，8月24日在日军占领的桥头堡整个69公里的正面发动总攻。

朱可夫则同样在紧锣密鼓地为苏军的总攻做着准备。他计划用强大的突击集群突击敌人防御较为薄弱的阵地的两翼，从南北两面合围敌方第6集团军，总攻的时间将不迟于8月20日。他认为，战役战术的突然性是决定这次战役胜败的决定因素。由于日军没有良好的坦克兵团和摩托机械化部队，无法迅速从次要地段和纵深调来部队抗击苏军的突击集群，所以苏军的突击只要足够有力和出敌不意地突然实施，则日军既无力阻挡这种突击，也无力进行反击。

早在7月15日，第57特别军就已经和增派来的部队合编成了由朱可夫任司令员的第1集团军群，此时朱可夫为了使总攻足够有力，将敌一举歼灭，又请求伏罗希洛夫再增派2个步兵师、1个坦克旅、2个炮兵团等部队，并加强这里的轰炸航空兵和歼击航空兵。伏罗希洛夫对这些要求尽数满足。到发动总攻的那天，苏军兵力对日军兵力的情况是：步兵1.5：1、机枪1.7：1、火炮和飞机均为2：1、坦克4：1。朱可夫把这些兵力编成了三个集群，即分别从南北两翼实施突击的南方集群和北方集群，以及从中央方向向前推进的中央集群。并将能实现快速机动的摩托化装甲第9旅和空降兵第212旅作为预备队。

朱可夫坚定地认为，战役战术的突然性是决定这次战役胜败的决定因素。苏军此次的作战将以突然的行动使敌人既无法抵挡我方歼灭性的突击，也无法进行反击。因为此时朱可夫已特别注意到了日军没有良好的坦克兵团和摩托机械化部队，无法迅速从次要地段及纵深调来部队抗击苏军突击集团。

为了加强突然性效果，苏军对行动绝对保密。朱可夫在制订战役计划的同时，还精心拟订了一套迷惑敌人的计划，主要包括：隐蔽运输和集中为加强集团军而从苏联内地调整来的部队；隐蔽调动在哈勒欣河东岸进行防御的兵力武器；部队和物资储备隐蔽地渡过哈勒欣河；对出发地域、部队的行动地段和方向进行现场勘察；参加此次战役的各兵种特别隐蔽地演练各种科目；各兵种隐蔽地实施补充侦察；发布假情报，欺骗敌人，使敌人弄不清苏方的真实意图，苏军通过这些措施极力给敌人造成这样一种印象。苏军没有任何进攻性质的准备措施，使敌人认为，苏军进行的大量工作仅仅是为了组织防御。

为了确保战役欺骗的效果，朱可夫对各种细节考虑得很周到，大刀阔斧与严谨细致的作风在他身上得到了和谐的统一。他命令，部队的一切运动、集中、变更部署只在夜间进行。因为夜间日军的航空侦察和目视观察都受到极大的限制。他还命令，在8月18日以前，严禁部队进入出发地域（发起突击的起始地），进入该地域进行现场勘察的指挥人员必须穿红军士兵服装，必须由小车改乘货运卡车。

8月20日是个星期天，同昨日一样，这天天气暖和晴朗，十分便于出行。日军指挥部因深信苏外蒙军队不想进攻，亦无做好进攻的准备，故而允许其将官和校官周末休假，其中不少人已远离部队，去了海拉尔等地。朱可夫为他所预料和企盼的这种情况的出现感到振奋，遂决定就在这天发起总攻。

5时45分，苏方炮兵对日军的高射炮和高射机枪突然开始猛烈射击，部分火炮则对苏方航空兵将要轰炸的目标发射烟幕弹。紧接着150架轰炸机和近100架歼击机对日军防御前沿、就近的预备队和炮兵阵地实施了大规模空袭，各种口径的火炮和迫击炮也对敌人的目标开始了急袭射击。

8时45分，朱可夫发出了全线出击的命令，冲击部队在炮火的掩护下，奋力向前猛冲。这时日军早已被此前的炮击和轰炸打得晕头转向。一名叫福田的日本士兵在日记中写道："炮弹铺天盖地地打到我们附近，真可怕。观察所用尽一切办法寻找敌人的炮兵，但毫无结果，因为轰炸机在轰炸、歼击机在扫射。敌人全线获胜。"在发起总攻的一个半小时内，日军仍无力进行还击，其观察所、通信联系及炮兵阵地皆被摧毁。但随着战斗的进行，苏军还是遭到了日军越来越顽强的抵抗。比如，在帕列茨高地，苏军部队曾被迫后撤，直到朱可夫从预备队抽调的空降兵第212旅赶到后，才攻占了这一高地。

在大沙地域，苏军部队同样遇到了困难，也是靠朱可夫从预备队抽调的摩托化装甲第9旅的增援，才渡过了难关。

尽管如此，苏军的突击总地说来仍比较顺利。至8月26日日终前，苏军的坦克装甲部队和机械化部队便完成了对日军全部第6集团军的合围，此后开始分割歼灭被围的敌军集团。

被围的日军想突围出去，但他们的突围企图皆被苏军所粉碎；被派来执行解救任务的日军预备队也被朱可夫早已安排好的空军部队所阻止。这样到8月30日，被围日军全被消灭。在整个战役中，苏军伤亡为1万人，日军的损失人数则为5.2万—5.5万人。

哈勒欣河战役的胜利对苏联有着重大意义。首先，它粉碎了日军侵占外蒙古与苏联领土的企图，恢复了两国东部边界地区的稳定。朱可夫后来在接受媒体采访时曾这样讲道：如果日军在哈勒欣河取得成功，他们将会进一步发动进攻，其长远目标就是到达西伯利亚的贝加尔湖和赤塔，最终切断具有重要战略意义的西伯利亚大铁路。其次，它给日军上了一课，使其惊讶地看到了苏军的现代化装备和新的战法。这次战役后，日本人不得不承认"迄今为止，我们并不了解苏联已将其摩托化部队装备到何等程度"，原来苏联的大多数地面部队，特别是炮兵和装甲兵，在火力和机械化程度方面都已远远超过了日军。而且"苏联军队摒弃了沙皇旧军队的因袭守旧的作战方法，已经表明它能够依据每次战役的具体情况改变战略战术"。因此，这次战役后日军再也不敢对苏联轻举妄动。1939年9月5日，日本被迫与苏联、外蒙古签订了停战协定。1941年4月1日，日本不顾德国人的阻挠，与苏联签订了互不侵犯条约。当德国撕毁《苏德互不侵犯条约》，从西部对苏联发动进攻后，日本却始终没敢撕毁《苏日互不侵犯条约》，乘机从东部对苏联发起进攻，而是将矛头向南转移，对中国香港、新加坡等地发起了攻击。这就使苏联不仅避免了东西两线作战，而且还使它有可能把用来防御日军的重兵集团开往西部，参加对德作战。

这次战役对朱可夫本人也有着很重要的意义。首先，在苏联经历了近20年的和平时期后，朱可夫幸运地得到了一次指挥诸兵种参加的现代化部队与敌真刀真枪作战的机会，在实战的过程中，他所学到的军事理论得到了运用和检验，进一步看清了各兵种及其武器的威力与特点，获得了指挥现代战役的经验。其次，这次战役的胜利让他一举成名，就连斯大林也不得不对他刮目相看，褒奖、晋升、荣誉全都降临到了他的头上。

基辅特别军区司令员

1939年11月7日，在十月革命胜利22周年这天，国防人民委员伏罗希洛夫在11月7日的命令中写道："哈勒欣河战斗的参加者——战士和指挥人员获得了真正的荣誉。参加哈勒欣河作战的军队，表现出英勇和自我牺牲的精神，卓越地执行了战斗命令，应受到嘉奖。"朱可夫被授予"苏联英雄"称号，并荣获金质勋章。1940年5月他被授予大将军衔，同月他受到了斯大林、加里宁、莫洛托夫等中央主要领导人的接见。

在接见中，朱可夫详细回答了斯大林和加里宁就哈勒欣河战役提出的几个问题，并借机提出了两项建议。他说，在这次战役中，如果没有那2个坦克旅和3个摩托化装甲旅，就不可能如此迅速地合围并歼灭日军第6集团军，因此，"我们必须大大扩充装甲坦克部队和机械化部队"；但BT-5和BT-7坦克太容易起火，应该予以改进。

斯大林聚精会神地听完朱可夫的报告后，郑重地任命他为基辅特别军区司令员。

从这个任命中可以清楚地看出朱可夫当时在斯大林心目中的位置。基辅特别军区是当时苏联最大的军区，该军区所防守的乌克兰方向当时也被看作是德国进攻苏联的主要方向。所以，对于这个军区的司令员，斯大林自然要选他最器重的将领去担当，而这个军区的司令员的地位事实上也在其他军区司令员之上。刚被提升为苏联国防人民委员和苏联元帅的铁木辛哥，此前的职务就是基辅特别军区司令员，朱可夫这次正是要去接任他原来的职务。

此时，国际形势日益紧张，欧洲的事态已发展到了危急关头，正是"山雨欲来风满楼"。

自德意法西斯在欧洲点起战火，斯大林就多次倡议西方国家与苏联联合起来，共同制止侵略，维护欧洲和平。但西方大国特别是英国和法国统治集团却采取绥靖主义政策，企图通过"祸水东流"，借希特勒之手消灭苏联。因此，英、法政府在德意法西斯面前唯唯诺诺、一让再让，使得希特勒更加肆无忌惮。

1938年3月，德军毫不费力地占领了维也纳，宣布解散奥地利共和国。随即，希特勒又把战矛对准了捷克斯洛伐克。英国、法国政府不但不制止侵略，反而准备把捷克斯洛伐克奉送给希特勒。他们向希特勒表示，在任何情况下他们都不会卷入军事冲突。不仅如此，他们还向捷克斯洛伐克施加压力，并于1938年9月29日上午，和德国一起召开旨在牺牲捷克斯洛伐克的慕尼黑会议。1939年3月15日，在英、法政府的怂恿下，德国军队侵占了捷克斯洛伐克，把这个有着12.78万平方公里土地和1500多万人口的年轻的国家瓜分得支离破碎，用希特勒的话说，是"从地图上抹掉了"。

但是，希特勒并没有就此罢休，他的贪欲是无止境的，在占领捷克斯洛伐克之后，他得寸进尺，又虎视眈眈向东窥望波兰。

面对希特勒咄咄逼人的攻势，苏联政府再次发出"联合起来制止法西斯侵略"的倡议。非常遗憾的是，英、法根本不信任苏联，而对希特勒则抱有期望，他们最终的目的，还是要让战火烧向苏联。希特勒则把握住了英、法领导人的心理。希特勒宣布一方面废除《英德海军协定》和与波兰签订的互不侵犯协定，另一方面却小心翼翼低格调地对苏联进行攻击。此时国际局势处于十分复杂而又微妙的状态。斯大林密切关注着各方的态度。对于西方国家"祸水东引"的企图，斯大林十分担心。他深深地知道，如果西方国家这一阴谋得逞，苏联不仅是同希特勒单独作战，而且是同得到英、法乃至整个资本主义世界支持的希特勒作战，这种情况的后果将是灾难性的，关系着苏联的生死存亡。在与西方国家结盟屡遭拒绝而德国又有友好表示的情况下，斯大林不得不决定采取权宜之计，避开希特勒进攻的锋芒，以与希特勒进行某些妥协来换取苏联对战争的准备时间。这时，德国一再向苏联示好。随即，苏联作出了回应。8月23日，德国和苏联拟定了一个互不侵犯协定。

希特勒的外交部长，约·阿希姆·里宾特洛甫（中立者）宣布《苏德互不侵犯条约》签订的消息

由于德国政府企图称霸世界的野心日益膨胀，这一协定是不牢固的、暂时的。比如就在协定签署的第9天，德军就向波兰发动了进攻，并侵占了属于苏联势力范围的大片地区。斯大林为保护本国利益，不得不命令红军于9月17日越过波兰—苏联边界，防止战火东延。然而，尽管条约不能真正捆住希特勒的手脚，但从协定所起的作用看，毕竟还是延缓了苏德战争的到来，给苏联政府进行战争准备提供了宝贵时间。

德国军队搬开路障，进入波兰境内

德军乘小艇渡河进入波兰

1939年9月1日，报纸海报公布德国入侵波兰的消息

1939年9月,希特勒数次前往波兰前线。图为希特勒接受海因茨·古德里安将军的敬礼

在这个关键时刻,斯大林决心提高军人的地位,修改军事条令,大量开办军官培训班等,而最引人注目的是放手提拔一批具有现代军事科学知识和军事领导才能的军官放在重要岗位。朱可夫就是其中的一位。

基辅特别军区是红军最重要的军区之一,兵多将广,训练有素,各项工作在红军中都处于前列。军区许多指挥员都与朱可夫认识,其中有参谋长普尔卡耶夫将军,炮兵司令亚科夫列夫将军,两个集团军的军长穆兹琴科和科斯坚科将军,还有作战部长巴格拉米扬上校。因此,朱可夫到军区后不久,就熟悉了主要的干部,并把这批精干的干部队伍团结到了自己的周围。特别是作战部长巴格拉米扬(他后来成为苏联元帅),他和朱可夫是列宁格勒高等骑兵学校的同学。老同学分别15年后又重逢,格外地激动。

朱可夫来到基辅特别军区后,先熟悉了军区的领导干部,又走访了军区几乎所有的部队和兵团，还拜见了乌克兰党中央第一书记赫鲁晓夫，以求他在军区的物质生活保障方面给予帮助。然后他根据国防人民委员的命令，组织军区司令部和军区部队进行了一次又一次的野外训练。在训练当中他既借鉴了苏军在哈勒欣河战役和苏芬战争中的经验与教训，也考虑到了法西斯德国在进攻一系列欧洲国家时的作战经验。当时，谁也没有想到，一年以后，德军对苏联发动大规模进攻时，就是在这一带对乌克兰实施了主要突击。在野外作业中，他发现，担任集团军、兵团及司令部领导职务的都是比较年轻的军官，才从较低的职务提升上来不久。因此，战役战术基础很差，尤其对现代战争了解甚少，而对旧的教科书上的条条框框奉若神明。对此，朱可夫深表忧虑。

于是，他提出，摆到军队面前的尖锐而繁重的任务是，今天要学会明天在战争中需要的东西。他认为，十分有必要把远东战役及近期发生的几次冲突的经验总结起来，供各级指挥员参考。在此之前，朱可夫已经把远东战役的报告送到了总参谋部，这个报告对当时正在制定的新的野战条例产生了很大的影响。

随着地位的提高，朱可夫的才干愈来愈受到重视。1940年9月底的一天，朱可夫接到总参谋部的通知，要他参加12月在莫斯科举行的高级指挥员会议，并指定他在会上作题为《现代进攻战役的特点》的报告。通知还说，会议期间将进行大规模的战役战略演习，指定朱可夫为演习中的"蓝"方，国防人民委员铁木辛哥要求他11月1日前交出报告草案。

朱可夫深知这一报告草案对苏军建设的重大意义，他全身心地投入报告的准备中。由于总部定的题目很大、很新，加之会议的水平很高，朱可夫压力很大。他每天只睡三四个小时，夜以继日地工作。在他的得力助手、军区作战部长巴格拉米扬的大力帮助下，朱可夫花了整整一个月的时间才完成了报告草案的起草。

1940年12月底，苏联最高统帅部在莫斯科召开具有极其重要意义的会议。参加会议的有各军区和各集团军司令员，各军区和各集团军军事委员和参谋长，各军事院校校长、教授和军事科学博士，各兵种监察部部长，各总部部长和总参谋部主要领导干部，苏共中央政治局全体委员。会议的重要程度，可从参加人员的身份上窥得一二。

第一项议程是审查1940年整个军事及政治准备工作和1941年各项工作的打算。其中比较有代表性的是总参谋长麦列茨科夫大将做的题为《关于红军部队战斗和战役训练的一般问题》的报告。他着重讲了步兵的机动性问题。在谈到防御能力时，他严厉地指责，高级指挥人员和各级司令部缺乏训练，没有表现出估计战斗局势及组织战地情报工作的能力。他认为，出现这种现象，在某种程度上，是因为把年轻的、在战役战术方面及司令部工作方面还缺乏足够训练的干部大量提升到高级负责岗位上的结果。他赞扬了朱可夫基辅特别军区的炮兵部队。麦列茨科夫发言后，大家进行了热烈的讨论，提出了许多加强红军训练的宝贵意见。

第二项议程是讨论军事艺术问题。共做了5个十分合时宜的报告，包括：丘列涅夫的《现代防御战役的特点》、雷恰戈夫空军中将的《进攻战役中和夺取制空权斗争中的空军》、斯米尔诺夫中将的《步兵师的攻防战斗》、西部特别军区司令员帕夫洛夫上将的《关于机械化兵团在现代进攻战役中的使用》、朱可夫的《现代进攻战役的特点》。这些报告质量都很高，帕夫洛夫是著名的坦克战专家，雷恰戈夫是西班牙战役的直接指挥者，其报告都内容丰富，观点新颖，论证充分，受到与会者的高度重视。

反响最大的要数朱可夫的报告。报告的内容,特别是关于大量使用机械化部队的意见,引起了很多有益的讨论。大家对朱可夫的意见都没有重大的异议,他们十分关心这样作战的细节问题,如,担负扩大突破后战果任务的部队的组织问题,如何安排其战斗队列,突破口的宽度,在突破口投入摩托化部队的时间,摩托化部队的组织及与航空兵的配合,在机械化部队进入敌方阵地纵深独立作战时的控制及后勤支援问题。朱可夫根据远东战役的实战经验和近期的思考,逐一阐述了自己的观点。就这样,大会对朱可夫的报告达成了共识,接受了朱可夫关于广泛运动战的理论后,立即着手研究此类战斗的细节问题。

当时,与会的高级将领们是把德国作为假设敌人,这一点无疑是十分正确的,对半年后迎接德军的闪电战进攻是非常有益的。

几十年后,叶廖缅科元帅在谈到这次会议时给予了高度的评价。他说:"这次会议,在战略、战术、作战科学、各兵种进攻及防御方面,对提高红军高级指挥人员的训练水平,起了极为重要的作用。"

相关链接:

BT-5 坦克

BT-5 坦克于 1933 年研制成功。火力上得到加强,主要武器换装为 1 门 1932 年式 45 毫米火炮,战斗全重增至 11.6 吨,乘员仍为 3 人。

BT-5 坦克的炮塔和 BT-2 坦克的相比,已经有了若干变化。BT-5 坦克先后采用了 5 种不同形式的炮塔。后期生产的 BY-5 坦克装有 2 具探照灯和框形天线。5种形式当中，炮塔机枪均变为并列机枪。以45毫米火炮发射穿甲弹时，可在300米的射击距离上垂直命中并击穿43毫米厚的钢装甲，而37毫米火炮在同样情况下，仅能击穿30毫米厚的钢装甲。在800米的射击距离上，37毫米火炮的穿甲厚度不到25毫米；而45毫米火炮则可在1000米的射击距离上击穿35毫米厚的钢装甲。两相比较，优劣自然分明。45毫米穿甲弹的弹丸重量为1.43千克，是37毫米穿甲弹的一倍，发射速度为7—12发/分。

BT-5坦克的其他改进有：在指挥坦克上，加装71TK-1型无线电台，其天线为框形天线，通信距离为15千米（行进间）至20千米（静止间），采用莫尔斯电码通信时，可达50千米；采用高强度轧制钢装甲板，从结构设计上使零部件轻量化，虽然采用了较大口径的火炮，炮塔的尺寸明显加大，但整车的战斗全重只增加了0.6吨；可靠性提高，特别是行动装置的部件，这使得原来好出毛病的行动装置的故障率大大减小。通过这些改进，使BT-5坦克的火力和机动性提高了一步，但防护性能较差的弱点并没有根本改观。BT-5坦克仍然可以轮履两用，但经常使用的是履带行驶状态。

到1934年，苏联共生产了1884辆BT-5轻型坦克，其中装无线电台及框形天线的达965辆。这使得BT-5坦克在BT系列坦克中占有重要地位，其重要性仅次于BT-7坦克。BT-5轻型坦克参加了1956年至1959年的西班牙内战。最初有51辆BT-5坦克参战，后逐步增加到近100辆。随后，又和BT-7坦克一道，先后参加了哈勒欣河之战、苏波战争和苏芬战争，经受了战火的考验。甚至在第二次世界大战期间，部分BT-5坦克仍在使用。

伊-16战机

伊-16是苏联二战初期的主力战斗机，产量约7000架，起初只由苏联航空志愿队驾驶，直到二战之初的苏日诺门罕战役，取得了很好的战果。

当时飞行员还是以一战的经验作战术指导思想，而且同期轴心国空军主力还是双翼机，包括德国的Ar68战斗机和意大利的CR32，还有日本的95式战斗机，所以起初伊-16战绩辉煌并使苏联突然跻身航空先进国的地位，但也客观上刺激了轴心国研究适应新时代空战的战术和飞机。

而且在大清洗时代空军人员报喜不报忧的影响下，本机的进一步改良和后继机的开发被大大推迟了，使得本机和伊-15一直生产到二战开始时。

到了苏芬战争时，因为保卫祖国的芬兰人奋力抵抗，和以适应新时代为目标的空战战术思想的提出，苏联军方才认识到本机开始过时，从而在改良本机的同时开发新一代的战斗机：雅克-1战斗机、米格-3战斗机和拉格-3战斗机。

第六章

临危受命 稳定战局

担任红军总参谋长

在演习总讲评结束后的第二天,斯大林召见了朱可夫,告诉他,政治局决定由他接替麦列茨科夫担任红军总参谋长一职。1941年2月1日,朱可夫正式走上了总参谋长的岗位。由于此时第二次世界大战的战火正越烧越旺,且苏联西部边境面临德军的严重威胁,所以作为总参谋长同时也是副国防人民委员的朱可夫,其主要任务就是协助国防人民委员铁木辛哥组织备战。

1940年8月1日,德国马克斯少将便向哈尔德呈报了对苏作战的第一份的确切方案。"闪电战"思想是这一方案的基础。马克斯建议组建两个突击集团,其任务是猛烈推进顿河—高尔基城—阿尔汉格尔斯克一线,而后攻占乌拉尔。战争的重点是攻占莫斯科,因为"这将导致苏联停止抵抗"。计划预计击溃苏联需耗时9—17周。在此计划的基础上,德军总参谋部又进行了修订和改正。8月底,德国对苏战争计划的基本方案已制订完毕,取名为"巴巴罗萨"计划。

"巴巴罗萨"是德语Barbarossa的译音,意为"蓄有红胡子的人"。这是德国皇帝腓特烈一世的绰号。选此绰号为对苏作战计划名称，其用意就是使对苏战争带有"圣战"色彩，进一步有效地"消灭俄罗斯的有生力量"。

1940年12月5日，"巴巴罗萨"计划送到希特勒的案头。12月18日，希特勒签署"第21号指令——巴巴罗萨计划"，批准了德国对苏战争的最终计划。"巴巴罗萨"计划的理论基础是"总体战"和"闪电战"，体现了德军的主要军事学说。这一被法西斯德国誉为德国军事艺术"最高成就"的计划，是德军在准备对外扩张的年代里，在对丹麦、挪威、比利时、荷兰、法国和英国战争中积累起来的。"巴巴罗萨"计划处于极为严格的保密之下，因此当时只复制了9份文本。其中1号、2号、3号文本分别呈报陆、海、空三军司令部，其余6份由德军最高统帅部存档。

德国陆军元帅凯特尔（戴手套者）在介绍"巴巴罗萨"计划

对如此机密的"巴巴罗萨"计划及其制订过程，斯大林及苏联最高领导层是不清楚的，但他们已清醒地认识到同强大的德国作战已不可避免，而且战争愈来愈迫近。据苏军情报部门统计，从1939年10月到1941年6月，德国侦察机飞越乌克兰和白俄罗斯边境达500多次。对敌机的意图，苏军统帅部是十分清楚的，但为了避免同德国正面发生冲突，命令边防部队禁止向入侵飞机射击。

与此同时，苏军也在紧张地进行着防御。但是，苏军作战计划出现了一个战略性的错误，即主要防御方向的选择出现了战略性的偏差。当时，斯大林分析认为，希特勒在对苏战争中首先是力图占领乌克兰和顿河流域，以夺取苏联最重要的经济地区，掠夺乌克兰的粮食、顿涅茨克的煤，然后是高加索的油。斯大林指着作战计划强调说："没有这些最重要的资源，德国法西斯就不可能进入长期的大规模的战争。希特勒已在巴尔干站稳了脚跟，看来他将准备对西南方面实施主要突击。"

尽管朱可夫及一批杰出的苏军将领都在场，但都未能纠正斯大林的错误。因为当时斯大林在苏联全党全军全国人民中享有崇高的威望，任何人都没有想到去怀疑斯大林的意见和他对形势的分析，以至犯了战略错误，在战争初期产生了极为不利的影响。斯大林是一位卓越的战略家。他对德军入侵方向的分析是合理的，他之所以出现判断上的错误，是没有想到德军计划发动的是"闪电战"。

战争前夕，德国已夺取了欧洲几乎所有的经济和战略资源，包括这些被占领国的产量在内，德国钢产量为3180万吨，煤为439000万吨。而苏联钢产量为1830万吨，煤产量为16590万吨。虽然德国的弱点在石油开采方面，但这方面由于从罗马尼亚输入石油，得到了某种程度的弥补。从军事基础上看，德国建立了强大的军事经济潜力。为了保证实现侵略计划，希特勒要求全部经济政策从属于战争的利益，下令德国工业全部转入战时经济的轨道，其他一切都退居次要地位。所以，在较短时间内建成300个以上的大军事工厂，军事生产1940年比1939年增加2/3，比1933年增加21倍。1941年德国生产了约11000架飞机，约5200辆坦克和装甲车，30000门各种口径的火炮，约170万支骑枪、步枪和自动枪。而苏联生产这么多武器至少需要3年时间。

从兵力上看，截至1941年6月，德国军队比1940年增加355万人，总数达850万人，即208个师。而苏联连同征召的补充兵员在内，共有约500万人。希特勒认为，发动"闪电战"的物质基础已经具备，进攻苏联的有利时刻来到了，最终下令实施"巴巴罗萨"计划。

1941年6月，"巴巴罗萨"计划开始阶段的德国陆军

为了麻痹苏联领导人的神经，达成战争的突然性，德国在紧张准备对苏战争的同时，大肆玩弄外交手腕、军事手腕，力求使苏联相信，德国的战争机器并不针对东方，反对苏联，而是针对西方，反对英国。

1941年5月中旬，朱可夫总参谋部制订了一个补充作战计划。这是一个十分重要的计划。计划要求在宣布动员后的几天之内立即向边境军区迅速增援。朱可夫在制订作战计划的同时,十分注意后勤保障工作。他协同中央供应部,在用国家储备的燃料、粮食、弹药扩大西部边境军区的应急品储备方面做了大量工作。

苏军步兵部队于1941年4月实行战时编制。每师编三个步兵团、两个炮兵团、一个反坦克炮营、一个高炮营、一个工兵营、一个通信营以及其他后勤分队,共14500人。斯大林批准征集50万名士兵和军士,用以充实边境军区的部队,使每个步兵师的人数至少达到8000人。几天后,他又批准征召30万名预备役专业人员补充部队。这样,战争前夕红军得到了80万名补充兵员,使各边境军区170个师零2个旅中,有19个师达到每师5000—6000人,有17个骑兵师平均每师6000人,144个师每师各有8000—9000人。到战争前夕,各边境军区的170师当中,有近100师达到满编。

苏军指战员

装甲坦克兵方面。这是朱可夫十分热爱的兵种。1940年，开始恢复组建机械化军和坦克师，当时苏联政府决策组建9个机械化军。1941年2月，朱可夫任总参谋长后，立即提出一个令政府领导咋舌的组建装甲坦克和摩托化部队的计划，要求组建20个机械化军。斯大林也感到很吃惊，他迟迟不表态，直到3月才勉强同意。然而，要装备齐新建的机械化军，共需32000辆坦克。一年之内要生产这么多坦克，就苏联的工业生产能力讲，是无论如何也办不到的。因此，当战争开始时，苏军装备起来的机械化军还不到计划的一半，然而，正是这些机械化军，在抗击敌人最初的突击中起了巨大作用。

空军方面。1940年以后，苏联空军有了很大的发展，共有雅克–1、米格–3和拉格–3歼击机，伊尔–2强击机，佩–2俯冲轰炸机等约20种型号的飞机。

同年5月底，总参谋部指示各边境军区的司令员立即着手准备指挥所，后又于6月中旬下令各军区和集团军指挥机关于6月21—22日进入指挥所。进入6月后，形势一触即发。苏军一些高级将领已敏感地察觉到即将爆发的战争。

"巴巴罗萨"计划期间，纳粹德国党卫军士兵奉希姆莱之命执行种族灭绝政策

苏德战争爆发

6月21日晚上，朱可夫接到基辅军区参谋长普尔卡耶夫中将的电话，报告有一名德军的司务长向我军投诚，据这位司务长说，德军正在进入出发地域，将在22日晨发动进攻。

朱可夫放下电话，立即把这一消息向斯大林和铁木辛哥做了报告。

随后，朱可夫奉命带上给部队的命令草稿，与铁木辛哥和瓦杜丁一起赶赴克里姆林宫。在路上，他们三人商定，无论如何也要作出使部队进入战斗准备的决定，否则，一旦真的发生战争，无法向全国人民交代。

斯大林带着十分忧虑的表情接见了他们。他认为这个投诚者有可能是德国将军为了挑起冲突派来的。铁木辛哥和朱可夫都表示否认这种可能。

这时，苏共中央政治局全体委员都应召匆忙赶到了斯大林的办公室。斯大林环顾一周，征求大家意见。

没有人回答。铁木辛哥认为应该立即命令边境军区所有部队进入一级战斗准备。朱可夫立即站起来把命令草稿读了一遍。

斯大林听后表示，现在下这样的命令还太早，也许问题还可以和平解决。命令要简短，指出袭击可能从德军的挑衅开始。告诉部队，不要受任何挑衅的影响，以免问题复杂化。

斯大林又亲自把命令草稿看了一遍，然后请铁木辛哥和朱可夫签发。

瓦杜丁立即带上这份命令回总参谋部，马上向各军区转发。到6月22日零时30分命令下达完毕。

6月21日夜间，总参谋部和国防人民委员部全体人员奉命留在各自的工作岗位上。朱可夫通过高频电话不止一次同军区司令库兹涅佐夫、帕夫洛夫、基尔波诺斯及他们的参谋长进行交谈。各军区负责人都已在各自的岗位上待命。

6月22日凌晨3时零7分，黑海舰队司令奥克恰布里海军上将报告，有大量来历不明的飞机正向苏联海岸接近。3时30分，西部军区报告，德军空袭白俄罗斯的城市。3分钟后，基辅军区报告，乌克兰的城市遭到空袭。3时40分，波罗的海沿岸军区报告，敌机空袭考那斯和其他城市。

战争终于爆发了。朱可夫感到全身的血液仿佛一下子全集中到了头上，脑袋嗡嗡作响。朱可夫立即通知了斯大林。

4时30分，铁木辛哥、朱可夫和全体政治局委员来到了斯大林办公室。随后铁木辛哥、朱可夫向在场人员报告了有关情况。

斯大林听罢，坚持认为德军的轰炸可能属某些军官擅自所为，希特勒大概不知道这些情况。于是他指示外交部部长莫洛托夫与德国大使馆进行联系。

莫洛托夫去会见了德国大使舒伦堡。不一会儿他返了回来，沉痛地宣布：德国政府已向苏联宣战。

整个办公室陷入了可怕的沉寂之中。朱可夫打破沉默，建议立即用各边境军区所有兵力猛烈还击突入的敌军，制止其继续前进。"不是制止，而是歼灭。"铁木辛哥补充说。斯大林说："下命令吧！"一场史无前例的苏德大战就这样开始了。

由于德军入侵苏联的计划蓄谋已久，战争刚刚打响，德军就一反常规战役的规律，将所有主力部队全部投入了战斗。当时德军投入的兵力共为152个师，其中118个步兵师，15个摩托化师，19个装甲师，约3500辆坦克，3900多架飞机，共约305万人，相当于其野战陆军的75%。这些兵力和兵器划作3个集团军群：

南方集团军群由龙德施泰特元帅指挥，下辖第11、17、6集团军及第1坦克集群，部署在卢布林和喀尔巴阡山脉之间，任务是向基辅—第聂伯河河曲方向突击。

中央集团军群由费多尔·冯·博克元帅指挥，下辖第4、9集团军，第2、3坦克集群等部队。由卢布林—苏伐乌基一线出发，任务是消灭白俄罗斯的苏军部队，然后向斯摩棱斯克—明斯克—莫斯科方向突击。

北方集团军群由威廉·冯·里布元帅指挥，下辖第16、18集团军及第4坦克集群。从苏伐乌基和波罗的海出发，目标是摧毁波罗的海各国内的苏军部队，然后和芬兰军队一道，拿下列宁格勒，切断和摩尔曼斯克的交通。

由于准备不足，红军在德军发动突然袭击之时，一下子陷入了混乱之中。苏联西部各军区的兵力大致是德国及其仆从国投入的兵力的一半，兵器也难与德军相匹敌，加之战备工作没有完成，进入战斗准备状态的命令下得太晚，所以面对德军强大而突然的进攻，苏军既难以遏制，更不可能转入进攻。再加上德军在进攻开始前就派遣了大量的破坏小组破坏苏军的通信设备，杀害苏军的通信员，袭击苏军的指挥人员，致使苏军各军区和各集团军司令部无法迅速传达命令。

损失最惨重的要数苏联空军。突然发动袭击的德军飞机重点猛轰了苏军各军区的机场。由于飞行人员多数在休假，使得大批来不及起飞和分散到各个野战机场的飞机受到了严重损失。仅在战争爆发的第一天，在德军炮火和空袭下，苏联就损失了1200多架飞机，使德国空军在一些重要地域立即取得了制空权。

由于苏联在主要防御方向选择上的错误，德军在每一段选定的战线上，兵力都占2.5∶1以上的优势，有的甚至10倍于苏军兵力。苏联边防军队已很难完成朱可夫制订的1941年边境防御计划布置给他们的任务。情况十分危急。

"巴巴罗萨"计划期间被俘的苏军士兵

6月22日上午10时，苏联国防人民委员部宣布，西部边境的波罗的海沿岸军区、西部特别军区和基辅特别军区相应改组为西北方面军、西方方面军和西南方面军。

6月22日下午1时,全国动员令发布。总动员令规定,从6月23日起,在苏联14个军区之中,即除中亚、外贝加尔和远东军区以外的所有军区,对1905—1918年出生的所有服兵役义务的人实行总动员,并在苏联国土的欧洲部分实行军事管制。国家政权机关在国防、保持社会秩序、保证国家安全方面的全部职能一律就地交军事当局掌握。军事当局有权调派居民及一切交通工具,去完成国防工程和保卫最重要的军事和经济目标。

6月23日,联共(布)中央和苏联政府宣布成立最高统帅部。国防人民委员铁木辛哥任主席,斯大林、朱可夫、莫洛托夫、伏罗希洛夫、布琼尼和库兹涅佐夫任委员。最高统帅部负责领导武装部队的全部军事活动。宣布统帅部组成时,朱可夫已不在莫斯科。

24日,又组建了北方方面军、南方方面军。西北方面军由库兹涅佐夫上将指挥;西方方面军由帕夫洛夫大将指挥;西南方面军由基尔波诺斯上将指挥。

危难之中稳定西南战局

危难之时思良将，6月22日下午1时，斯大林打电话给朱可夫，这时斯大林不但已恢复往日的镇定，而且在战争的重压之下，显得更加敏锐、深沉。他说："我们各个方面军司令员缺乏足够的作战指挥经验，看来有点发慌。政治局决定派你到西南方面军担任最高统帅部代表。我还准备派沙波什尼科夫和库利范去西方方面军。他们俩已到我这里接受指示。你必须马上飞往基辅，会同赫鲁晓夫到设在塔尔诺波尔的方面军司令部去。"

朱可夫感到很突然，从昨天夜里到现在一直都是突发事件。朱可夫反问道："在目前这样复杂的情况下，由谁来领导总参谋部呢？"

"把瓦杜丁留下吧，"斯大林说完这句话突然加重了语气，"请你抓紧时间。"

朱可夫雷厉风行，在斯大林谈话后的40分钟后就已经乘上飞机起飞了。朱可夫立即给妻子打了一个电话，告诉她自己将到西南方面军去一趟，不必担心。飞机按时起飞了。

话说此时德国对苏联发动进攻的消息已迅速传向四面八方，引起全世界的震惊，各方面都产生了不同的反应。

早在6月21日，英国首相丘吉尔宴请美国驻英大使和英国外交大臣时，以神秘的口吻告诉客人们说，他敢肯定，德国很快就要进攻苏联。结果，他的预言几小时后得到证实。当被告知希特勒已经进攻苏联时，丘吉尔立即松了一口气。因为他知道，苏联参战以后，英国"再也不是孤立的了"。22日晚9时，丘吉尔通过电台发表著名的演说，表示在反法西斯德国的战争中坚决支持苏联。他充分发挥了演说家的天赋，充满感情地说："我看到了守卫在自己国土大门和保卫自古以来他们父辈耕耘过的田园的俄国士兵，我看到了成千上万个俄罗斯村庄正蒙受可恶的纳粹军事机器的蹂躏。"他承认，"威胁俄国的危险就是威胁英国和美国的危险。同时，每一个为保卫自己家园而战的俄罗斯人的事业恰恰也是地球上每个角落自由人和自由民族的事业。"最后，丘吉尔表示，"我们将给予俄国和俄罗斯人民以一切力所能及的援助。"

美国对苏联也表示支持。事实很明显，德军进攻苏联以后，美国面临的危险正与日俱增。罗斯福承认，保卫苏联对保卫美国来说有着非常重大的必要性。

在另一阵营，罗马尼亚、意大利、斯洛伐克、芬兰相继向苏联宣战。此时，两大阵营已基本形成。

话再回到朱可夫身上。朱可夫于6月22日黄昏时分赶到位于基辅市中心的乌克兰共产党中央委员会大楼。赫鲁晓夫正在等他。两位老朋友此时相见，备感亲切。赫鲁晓夫关切地说："不要再往前飞了，否则有危险。德军飞机总是追逐我们的运输机，应当坐车去。"朱可夫听从了赫鲁晓夫的安排。

随后，朱可夫乘车到塔尔诺波尔去，那里是西南方面军司令员基尔波诺斯上将的指挥所。到达指挥所时已是深夜，朱可夫立即拨通电话，同暂时主持总参谋部工作的瓦杜丁通了电话。

瓦杜丁说："到目前为止，总参谋部仍然无法从各方面军、集团军和空军司令部获得准确的情报。参谋部和国防人民委员无法同西方方面军、西北方面军司令员库兹涅佐夫和帕夫洛夫两人取得联系。他们似乎跑到某个部队去了。方面军司令部也不知道他们的司令员目前在什么地方。据空中侦察获得的情报，战斗在我国境线筑垒地域进行，局部地区的敌军已深入我国土15—20公里。各方面军司令部企图直接与部队取得联系，但没有成功。因为同大多数集团军和独立军之间，既没有有线通信联络，也没有无线电通信联络。"

朱可夫感到事态越来越严重了，必须先摸清情况，稳定战局，再作打算。没想到瓦杜丁又接着说，斯大林同志已经同意了国防人民委员会第3号命令的草稿，并叫我签上你的名字。

朱可夫诧异地问，什么命令？

原来，斯大林命令苏军转入反攻，粉碎主要方向上的敌人，向敌国领土挺进。

朱可夫对这个命令感到非常意外。他认为现在们还不知道德军有多少兵力，在什么方向上实施突击。天亮以前先把前线发生的情况弄清楚之后下决定，会更稳妥一些。

瓦杜丁虽然同意朱可夫你的观点，但问题已经决定下来了。已经无法改变，只有坚决执行！

朱可夫知道自己无力改变什么，无可奈何地表示同意。

6月23日凌晨，这个命令到达西南方面军司令员基尔波诺斯上将的手里。正如朱可夫预料的那样，这个命令引起了方面军参谋长普尔卡耶夫和作战处长巴格拉米扬的激烈反对，他们认为方面军缺乏执行这个命令所必需的兵力和技术装备。

命令终归是命令，是必须要执行的。朱可夫建议基尔波诺斯立即下达预先号令，集中机械化军对突入索卡利地区的敌人南方集团军群的主要集团实施反突击。反突击应有全部方面军航空兵和部分统帅部远程轰炸航空兵参加。西南方面军司令部很快编写出预先号令，并下达给了各集团军和各军。

6月23日上午9点，朱可夫在卫兵的陪同下来到了机械化第8军军长里亚贝舍夫中将的指挥所。这位军长是朱可夫的老部下。里亚贝舍夫在图上指明了第8军的位置和部署办法，扼要地报告了部队的状况。他表示，需要一昼夜的时间来进行集中部队、维修武器和补充储备品。在这段时间内，还要进行战斗侦察，组织指挥。因此，全军要到6月24日晨才能全部投入战斗。

朱可夫在机械化第8军同里亚贝舍夫就一些原则性问题谈妥以后，就在当天傍晚回到了位于塔尔诺波尔的方面军指挥所。就在这一天，联共(布)中央和苏联政府宣布成立最高统帅部。

方面军参谋长普尔卡耶夫中将和司令员基尔波诺斯上将向朱可夫报告，战斗在所有的地段进行，而以勃罗德、杜勃诺、弗拉基米尔—沃伦斯基地区的战斗最为激烈。机械化第9军和第19军将于6月25日抵达罗夫诺地区森林中。

基尔波诺斯接着指出，就目前状况而言，无法等到所有的军全部集中才实施反突击。是否可以在6月24日向克列瓦尼和杜布诺开始反突击。第5集团军司令员除了协调机械化第22军的行动以外，还应协调机械化第9军和第

19军的行动，给这两个军以必要的帮助。

朱可夫认为基尔波诺斯的安排是非常合理的，他同时就各个军同方面军航空兵之间协同动作的保障提出了建议。

6月24日，按照统一部署，机械化第8军在别烈斯帖奇科方向转入进攻；机械化第15军在腊迭霍夫以东进攻。这两个军的出色战斗，使德军第1装甲集群的第48摩托化军陷入十分危急的境地。德军统帅部调动了全部空军到这一地域抗击苏军的反突击，才使第48摩托化军免遭全军覆灭。

在朱可夫的指挥下，西南方面军胜利实施了最初的一次反突击。德国陆军总参谋长在这一天的日记里写道："敌人不断地从纵深增调生力军来对付我们的坦克楔子。不出所料，敌人以大量坦克兵力在第1坦克集群的南翼转入进攻。"对这次战斗，朱可夫并不满意，他认为，如果他手中有更多的航空兵用来与机械化军协同作战，可能会取得更好的效果。

6月25日到26日，进攻与反突击进行得更加激烈，战斗规模也不断扩大。双方都投入了大量作战飞机，配合地面部队协同作战。双方损失严重。德国空军往往抵挡不住苏军飞行员的拼命式打法，逃回自己的机场。

由于德军先头部队到达杜勃诺地区，里亚贝舍夫奉命率第8军转向这里，苏机械化第15军的主力通过迂回动作，把作战方向也指向这里。同时，正在向杜勃诺前进的还有步兵第36军和机械化第19军。这一地区从6月27日起开始激战。

经过残酷的战斗，苏军虽未能全歼这一地区的德军并停止其进攻，但达到了主要目的，即将指向乌克兰首府的德军突击集群阻止在勃罗德—杜勃诺地区并加以削弱。

为了继续基辅方向的进攻，德军统帅部被迫从战略预备队中抽出相当数量的部队和坦克予以加强。由于朱可夫强有力的指挥及第8、15、19三个机械化军的卓越表现,使敌人迅速突进到基辅的计划遭到严重的挫折。德军第3坦克集群司令霍特后来回忆说:"南方集群处境最为困难。在我左翼兵团方面防御之敌虽被从国境击退,但很快就从遭受突然袭击中恢复过来,用预备队和配置在纵深的坦克部队实施反冲击,阻止了德军前进……敌人强大的反突击是德国部队进攻道路上最大的障碍。"

西方方面军全面溃败

就在朱可夫指挥西南方面军实施反突击,遏制德军向前推进的速度之时,西方方面军和西北方面军遭到了惨重的打击。一方面,方面军司令部与各集团军司令员之间仍然无法建立稳定的通信联络,各师和各军都各自为战,彼此间缺乏配合;另一方面,德军几乎出动了他们所能出动的所有力量,在战争刚开始就以强大而密集的部署把它们投到所有战略方向上,以对苏军实施毁灭性的分割突击。这种情况是包括朱可夫在内的红军高级将领没有预料到的事情。可以说,苏军在战略部署上一开始就输给了德军。

通过瓦杜丁的报告,朱可夫得知,德军的大量装甲坦克部队和摩托化部队已在西方方面军和西北方面军的许多地段上完成了突破,并在白俄罗斯和波罗的海沿岸地区迅速推进。不过,西方方面军还是进行了顽强的阻击。方面军副司令员马兰金中将率第6、11两个机械化军和骑兵第6军组成骑兵机械化群于6月24日在格罗德诺与德军中央集团军群爆发了一场激战。

在作战中，德军虽然拥有空中优势，但频频告急。德军统帅部不得不给这里增加两个军，并命令第3装甲集群的一些部队掉过头开赴格罗德诺。血战持续两昼夜。由于缺乏必要的物质供应，苏军反突击集团无法进行有效的进攻作战，损失惨重。坦克手由于油料不够而未能把坦克全部撤出战斗。在这次战斗中，朱可夫的两位好友，机械化第6军军长哈茨基列维奇少将、骑兵第9军军长尼基京少将，都牺牲在作战的第一线。这两位将军都是苏军中优秀的将领。此时，西方方面军司令员帕夫洛夫指挥遭受重大损失的第3、10、4集团军，退却到明斯克附近，利用明斯克筑垒地域组织防御。第3、10集团军是在德军空军和装甲部队的不断袭击中经苦战后撤下来的，已精疲力竭。但他们在明斯克还立足未稳，德军第2装甲集群司令古德里安大将便率部到达明斯克西南接近地。古德里安是德军赫赫有名的坦克战专家，他不顾部队的疲劳，立即下令进攻。苏军全线退却，形势极其严峻。

与此同时，德国空军对明斯克狂轰滥炸。城市一片火海，约有5000多名居民被炸死。无辜的被炸死的人们，临死前都在咒骂那些残暴的法西斯飞行员。在防御战中，苏步兵第64师、100师、161师的部队打得尤为出色。他们消灭了100多辆坦克和几千名德军。第100师为此荣获"列宁勋章"。后因敌我力量悬殊太大，6月29日，德军攻克明斯克。

苏军全线在退却，形势极其严峻。6月26日，斯大林命令组成预备队方面军，并在苏舍沃—涅韦耳—维帖布斯克—莫吉廖夫—日洛宾—哥美耳—契尔尼哥夫—杰斯纳河—第聂伯河一线展开。预备队方面军编有第19、20、21和22集团军。预备队展开的位置正是1941年5月朱可夫和铁木辛哥亲自勘察过的那条线。

6月26日中午，斯大林给正在塔尔诺波尔西南方面军指挥所指挥作战的朱可夫打电话，要求他马上飞到莫斯科。

朱可夫就像一个战场上的救火员一样，苏军哪里打得最惨烈，形势最为严峻，斯大林就把他调到哪里去。6月26日深夜，朱可夫抵达莫斯科。在斯大林的办公室里，斯大林、铁木辛哥和瓦杜丁显得十分疲惫，他们的眼睛里充满了血丝。看来，他们这些天并没有好好休息过！

朱可夫十分清楚，那里的形势已十分严重。第3、10集团军余部被合围于明斯克以西，牵制了德军很大部分兵力，进行着一场力量悬殊的战斗。第4集团军的某些部队已退入普里皮亚特森林中。这支疲弱的军队，受到强大敌军集团的追击。朱可夫对这些形势分析后建议，使用第13、19、20、21和22集团军，立即在西德维纳—波洛次克—维帖布斯克奥尔沙—莫吉廖夫—莫孜尔一线占领防御。同时动用统帅部预备队的第24和28集团军，立即着手在后方地域构筑防御。朱可夫认为除此之外没有任何更好的办法。他的这些建议的总体设想是：在通往莫斯科的道路上建立纵深梯次防御，以疲惫敌人，将敌人阻止在某一防御地位，然后集中必要的兵力（一部分从远东抽调，主要靠组建新部队）进行反攻。

这些建议都得到斯大林的批准。朱可夫立即给西方方面军参谋长克里莫夫斯基赫将军传达了统帅部的命令。要求西方方面军司令部迅速找到所有的部队，使部队得到一切作战必需品。然后将留在德军后方的部队集中到三个方面：一是经多克施策和波洛次克，集中到列彼耳筑垒地域和波洛次克地域；二是明斯克方向，将部队集中到明斯克筑垒地地域；三是集中到格鲁沙森林和博勃鲁伊斯克。朱可夫指示指挥员们再大胆些，他说，只要能掌握到部队，特别是坦克部队，就可实施歼灭性的突击。如能对敌机械化部队实行夜间进攻，必将取得特别重大的胜利。他还命令，组成独立的小群骑兵，由忠诚勇敢的中级指挥员负责指挥，派往所有的路上，对敌军及其后方机关展开大胆广泛的袭击。

斯大林同意了朱可夫的建议。朱可夫立即向西方方面军参谋长克里莫夫斯基赫将军下达了作战命令。令人遗憾的是，虽然部队作战十分勇敢，但西方方面军所有地段的形势仍继续恶化。明斯克最终失陷。

6月29日，明斯克失守，西方方面军一路向东退却，形势继续恶化。朱可夫和总参谋部以十分沉痛的心情收到了苏军放弃明斯克的消息。他们明白，来不及撤往东部的居民将有多么悲惨的命运。

6月30日，西方方面军司令员帕夫洛夫将军被急召回莫斯科。经过8天的战争，帕夫洛夫十分憔悴，他显然在战争中付出了很大的努力。但由于缺乏组织领导能力，西方方面军在他的指挥下损失惨重。最高统帅部解除了帕夫洛夫方面军司令员的职务，并将其与西方方面军参谋长克里莫夫斯基赫等几名将军一起被送交军事法庭审判。审判过后，他们被执行了枪决。

为了扭转败局，斯大林把他倚重的强将统统放到了最前线，铁木辛哥被任命为西方方面军司令员，叶廖缅科元帅为副司令员，马兰金中将为参谋长。西北方面军司令员库兹涅佐夫上将也被解除了职务，由第8集团军司令索别尼科夫少将接任，瓦杜丁被任命为西北方面军参谋长。

与此同时，苏联当天（6月30日）组成苏联国防委员会，成员有：布尔加宁、伏罗希洛夫、沃兹涅先斯基、卡冈诺维奇、马林科夫、米高扬、莫洛托夫和斯大林。7月1日，斯大林就任国防委员会主席。8月8日，斯大林被任命为最高统帅。国防委员会是一个把全部权力集中在自己手里的权威的国防领导机构。民政组织、党的组织和苏维埃组织都必须执行国防委员会的所有决定和命令。

7月3日，斯大林发表了广播演说，号召苏联人民不惜一切代价粉碎德军的进攻。斯大林的讲话犹如一声洪亮的警钟，激动着每一个正义的苏联公民的心，给了人民期待已久的信念。在苏联人民及军队中激发了难以估量的热情和能量。

为了加强对军队的控制，联共（布）中央于7月上旬改组了军队中的政治机关，取消了单一首长制，重新实行政委制度。联共（布）中央从地方选优秀的政治干部到军队中去。战争爆发仅几天后，就有50多名苏共中央委员和候补委员，100多名加盟共和国党中央、州委书记以及一些有名望的国务活动家，被派往军队直接担负军事工作。

7月，苏军各个战略方向上的形势更加恶化，新的一轮战斗来临了。虽然大量来自内地军区的兵团投入了战斗，但苏军仍无法建立稳定的战略防御正面。敌人虽然遭到重大损失，仍然在决定性方向上拥有三倍到四倍于苏军的兵力优势，特别是在装甲坦克方面，苏军更是望尘莫及。

铁木辛哥一上任就遭受重大挫折。他到任立即组织了比亚韦斯托克—明斯克会战，由于德军兵力上占绝对优势，西方方面军陷入了德军的重重包围，会战遭到惨重失败。7月9日，会战结束。铁木辛哥率领的西方方面军主力被歼，其中第3、10集团军全军覆灭。6月底刚刚投入战斗的第13集团军损失2/3，集团军司令菲拉托夫中将、第13机械化军军长阿什柳斯廷少将阵亡，只有第13集团军的第45步兵军突出重围。据德军统计，苏军损失火炮1809门，坦克3332辆，被俘323898人，其中有不少军长、师长。在几个方面军中，西方方面军抗击着德军最强大的进攻集团，因而遭受的损失也更为惨重。

西方方面军的失利，使苏德战场上的兵力和装备对比变得对德军更加有利了。在短短的半个月时间里，德军就已深入苏联腹地500—600公里，夺取了重要的经济和战略要地。苏军面临着兵力和装备严重不足的局面，根本无法组织纵深防御。朱可夫认为，必须为苏军重新组织兵力赢得时间，否则，苏军必败无疑。

7月8日，德军大本营会议决定继续按"巴巴罗萨"计划发展战役：北方集团军群——攻占列宁格勒并逼迫波罗的海舰队投降；中央集团军群——消灭斯摩棱斯克附近的苏军部队，并为攻打莫斯科开通道路；南方集团军群——粉碎乌克兰第聂伯河西岸地区的苏军部队，占领基辅，并保证占领顿巴斯和黑海舰队的基地。

因此，中央集团军群部队在渡过第聂伯河后继续向斯摩棱斯克地区推进，此时，斯摩棱斯克已经成为德军通往莫斯科的主要障碍了。拿破仑入侵沙俄之时便是被阻截在该城之下而宣告失败的。德军企图以强大的突击集团分割西方苏军方面军，将其合围在该地，并派装甲集群绕过斯摩棱斯克，直扑莫斯科。

斯大林对斯摩棱斯克地区的战役极为重视，不断向西方方面军指挥员了解战况，下达指示，同时也毫不掩饰对他们的不满。战斗打得很苦，双方士兵的尸体满山遍野。打到最激烈时，苏军军长、师长们都只身上阵，与敌展开肉搏战。朱可夫曾预言能成为安邦定国之才的步兵第63军军长彼得罗夫斯基将军，在战斗中英勇牺牲。在双方冲击与反冲击的激烈战斗中，苏军全部兵力都被德重兵集团牢牢吸在了阵地上。这时，德装甲集群绕过苏军防御，从侧翼攻入斯摩棱斯克。

斯大林得知这一切后，怒不可遏，暴跳如雷。斯大林立即下令由总预备队组成一个新的方面军，包括第29、30、24、28、31和32集团军，部署在西方方面军后方，建立新的防御正面。

7月下半月，斯摩棱斯克及其以东地区的战斗更趋激烈。德军遇到了苏军部队全线的有力抵抗。7月23日，第28集团军从罗斯拉夫耳地区开始进攻。24日，第30、24集团军从亚尔策沃地区开始进攻。第16、20集团军开始从南北两面迂回斯摩棱斯克。德军看到情况不妙，立即调来大批增援部队，企图反包围消灭进入合围的苏第16、20集团军。双方都知道这一仗的重大意义，战斗十分激烈。连朱可夫也感叹道，这次会战"具有极其残酷的性质"。

由于苏军的拼死抵抗，尽管苏军未能像统帅部要求那样粉碎敌人，但却使德军突击集团受到了严重的削弱。7月30日，希特勒下令德军中央集团军群转入防御，战线在大卢基—亚尔采沃—克里切夫—日洛宾一线巩固下来。德国军方承认，这次会战德军损失了25万人。这次会战在1941年夏季各次战役中占重要地位，是苏军取得的一个重大的战略胜利。由于这一胜利，苏军赢得了准备战略预备队和在莫斯科方向采取防御措施所需的时间。

第七章

列宁格勒 保卫苏联

意见相左，调往前线

斯摩棱斯克会战以后，西线的战事暂时告了一个段落。西北方面军与德军北方集团军群的战斗仍在激烈地进行着，西南方面军与德军南方集团军群的战线已经趋于稳定。朱可夫认真研究了各个战场的情况，发现德军已经逼近列宁格勒。作为总参谋部的总参谋长，朱可夫立即召集了作战部部长兹洛宾、华西列夫斯基等高级将领对整个形势进行了讨论。

朱可夫认为，德军暂时不会进攻莫斯科，因为苏军中央方面军和西南方面军对德军中央集团军群翼侧构成了很大的威胁。德军很可能会在西北方向上加强兵力部署，夺取列宁格勒，同芬兰军队会合。实际上，朱可夫的这一判断是十分正确的。7月19日，希特勒发布了下一阶段作战的指令，命令中央集团军群的装甲部队开往两翼，其中古德里安装甲兵团掉头向南，与苏军西南方面军作战；霍特装甲兵团则转而向北，去协助德军北方集团军群攻打列宁格勒。

7月29日，朱可夫给斯大林打电话，将他发现的情况向斯大林做了汇报。斯大林让他到办公室当面谈谈。朱可夫便携带了一张战略形势图、一张德军部署图以及苏军当前的状况等资料，来到了斯大林的办公室。朱可夫如实汇报了自己的判断。斯大林眉头紧锁，微微俯身仔细地看着地图。苏军总政治部主任麦赫利斯是一个善于察言观色之人，他发现斯大林对朱可夫的判断有些不屑，便在一旁挖苦朱可夫是从什么渠道了解知道德军将如何行动的。

朱可夫当然不清楚德军将要行动的计划。但是，他指出总参谋部的建议是基于对德军，尤其是对德军在战略性战役中起主导作用的装甲坦克和机械化部队的动向分析提出来的。

朱可夫认为莫斯科战略方向上的德军经斯摩棱斯克会战之后在短时间内无法实施进攻战役。列宁格勒方向上的德军在没有得到补充兵力之前，也不可能夺取列宁格勒。至于西南方面，德军正在乌克兰与苏军对峙。而我们最薄弱和最危险的地段是中央方面军，德军可能会在这里撕开缺口，向西南方面军的侧翼和后方实施突击。

斯大林要求朱可夫提出有效的对策。

朱可夫平表示，首先必须加强中央方面军，给它增加至少3个炮兵加强的集团军。另外，要向中央方面军委派一位经验丰富、能干的司令员。瓦杜丁就不错！西南方面军必须全部撤过第聂伯河，把兵力集中起来，以免被包围，陷入被动。

斯大林突然话锋一转，严厉地质问朱可夫，基辅怎么办！

朱可夫早就预料到了斯大林会是这种反应。基辅是乌克兰的首都，放弃了基辅对斯大林、对所有苏联人意味着什么，朱可夫怎能不知道呢！不过，他是一名军人，是红军的高级指挥员，不能感情用事，他必须从整个国家和民族的利益来考虑全局。朱可夫斩钉截铁地表示：基辅不得不放弃，在西部方向需要马上组织反突击夺回叶利尼亚的突出部，这个桥头堡可能被敌人用来进攻莫斯科。

斯大林顿时发起怒来，先是坚决反对放弃基辅，而后严厉批评了朱可夫。

朱可夫毫不退步，当即提出辞去总参谋长职务。

经过一段时间的僵持，斯大林同意朱可夫的辞职请求，并委托他在叶利尼亚附近组织一次战役。

事实证明朱可大是完全正确的。基辅会战历时一个半月，最后以苏军惨败而告终。9月19日，基辅失陷。约有65万名苏军官兵被德军俘虏，大量物资装备为德军缴获。一再坚持死守基辅的赫鲁晓夫，在基辅失陷前半小时，同布琼尼、铁木辛哥乘飞机离开基辅，差一点当了德军的俘虏。

朱可夫把参谋部的工作向沙波什尼科夫做了交接，便动身到了预备队方面军司令部所在地格扎茨克。预备队方面军参谋长是利亚平少将，炮兵司令员是戈沃罗夫少将。朱可夫同他们早就认识，而且还是不错的朋友。更为重要的是，这两位都是精通军事的行家。因此，朱可夫为能与他们一起工作而感到十分舒畅！

朱可夫在抵达司令部之后，利亚平和他的助手立即向他汇报了预备队方面军的作战情况和当面德军的情况。朱可夫和利亚平认真研究了影响准备和实施叶利尼亚战役的各种条件。朱可夫做了大量的准备工作，不仅察看地形、熟悉部队，而且亲自审问德军俘虏，了解德军的部署和官兵的士气情况，做到知己知彼。而后，他精心制订了周密的作战计划。随后，朱可夫便同炮兵司令戈沃罗夫等人一起到了第24集团军司令部。第24集团军正在和当面的德军进行猛烈的炮战。战况异常惨烈，大半个天空都被火光映红了。在跟第

24集团军司令员拉库京及所属各兵种司令员认识之后，朱可夫发现拉库京在战役战术素养方面显然缺乏必要的训练。

第二天一早，朱可夫便在拉库京的陪同下勘察了叶利尼亚地区的地形。到达前线之后，朱可夫更加诧异了，部队根本就没有弄清楚德军的火力部署，完全是在向想象中的德军火力据点进行炮击。这样的炮击根本就起不到多大的效果，而且还要消耗大量的弹药。最为要命的是，第24集团军根本就不具备实施反突击的能力。无论在兵力，还是技术装备上，第24集团军都还十分欠缺。

朱可夫判断，要打赢这场战役，还有大量的准备工作要做。首先要增调两三个师和炮兵部队，更深入地研究德军的防御体系，并增强部队的物质和技术保障器材。这些准备工作至少需要10到12天的时间。朱可夫决定将错就错，继续采用过去的方式，以火炮、迫击炮和步机枪不间断地射击德军的阵地，一方面疲惫敌人，另一方面也好掩护红军的战役部署在秘密中进行。一切准备工作都在有条不紊地进行着。

8月中旬，朱可夫向叶利尼亚地区的德军发起进攻。战斗十分激烈。双方在所有地段同时展开激战。德军用密集的大炮和迫击炮火力图阻止苏军的进攻。朱可夫毫不示弱，命令动用方面军所有的飞机、坦克、大炮和新研制的"喀秋莎"火箭炮予以还击。在朱可夫卓越的指挥下，苏军于9月6日攻占了叶利尼亚。叶利尼亚一役，苏军共歼敌近5个师，消灭德军约5万人。这是苏德战争开始以来苏军取得的第一次重大胜利。苏军的士气大为提高，胜利的信念更加牢固。9月6日早晨，红军顺利地进入了叶利尼亚城。

苏联的火箭炮在这一役中给了德军极大的震撼，"喀秋莎"的炮弹能轰平大片地区。德军的防御工事在"喀秋莎"的轰鸣中几乎被完全摧毁了。

9月8日,朱可夫回到莫斯科。斯大林紧握住他的手亲切地说:"你这一次打得不错。你那时是对的(指朱可夫7月29日的报告)。现在想上哪儿?"

"回前线去,"朱可夫干脆地说。

"回哪个前线?"

"您认为需要去的那个前线。"

斯大林脸上露出少有的舒心的笑容。他说:"去列宁格勒吧!列宁格勒处境十分困难。德国人如果夺取了列宁格勒,并且同芬兰人会合,就能从东北面迂回莫斯科,那时的形势就要更加严重了。"

朱可夫表示坚决服从,但他要求允许他带两三位将军去,替换过度疲劳的司令员们。斯大林说:"你愿意带谁去就带谁去!"随后,斯大林又就各方面军领导改组及敌人下一步的行动征求了朱可夫的意见。

哪里有危急,朱可夫就会在哪里出现,他仿佛起着一个"救火员"的作用。1941年9月9日,朱可夫带领他亲自挑选的霍津中将、费久宁斯基少将(曾随朱可夫参加哈勒欣河战役)和科科佩夫少将乘专机飞往列宁格勒。

"救火"列宁格勒

列宁格勒原叫彼得堡，是彼得大帝在1703年建立的"西方的窗户"，此后一直作为俄罗斯帝国的首都。正是在这里，布尔什维克于1917年11月夺取了政权。列宁格勒是苏联第二大城市，有300多万居民，是苏联最重要的海港和重要的工业、文化中心。

列宁格勒的重要意义，苏德双方都很清楚。德军是要彻底摧毁苏军和俄罗斯民族的抵抗意志。只要他们占领了涅瓦河上的这座城市或将其彻底毁灭，很大一部分俄罗斯人就会失去精神中心。从军事战略上来说，一旦占领了列宁格勒，德军就可以与从北方侵入苏联的芬兰军队会合，巩固法西斯在苏联的占领地位。

战争爆发后，苏军西北方向（包括列宁格勒在内）是由伏罗希洛夫元帅负责的，日丹诺夫任军事委员，扎哈罗夫少将任西北方面军总参谋长。8月20日，德军绕过卢加河防线，进入加特契纳周围地区。此时苏军只有一些零散的部队守卫在德军和列宁格勒之间。当天伏罗希洛夫向西北方面军全体官兵发出紧急呼吁："用我们的胸膛阻挡住敌人前进的道路！"然而，8月21日德国推进得离城更近了。8月26日，斯大林向列宁格勒派出了一个由莫洛托夫、马林科夫等6人组成的国防委员会代表团，希望他们能对伏罗希洛夫有所帮助，使那里的局势有所改观。但他们到达后，那里的局势却是愈加恶化。8月30日，最高统帅部决定，将波罗的海舰队转隶列宁格勒方面军。9月5日又决定，由伏罗希洛夫亲自担任列宁格勒方面军司令员。尽管斯大林和最高统帅部采取了上述措施，但列宁格勒的形势还是在无可奈何地继续恶化下去。

在此危急关头，伏罗希洛夫没有发挥出应有的作用。9月10日，他被解除了列宁格勒方面军司令员职务，由朱可夫接任。

列宁格勒的局势十分严峻。德军在城市外围不断向城区进行炮击和飞机轰炸。地面部队，尤其是大量的坦克和机械化兵团集中到了通向乌里茨克、普尔科沃高地、斯卢茨克的接近地上。朱可夫判断，德军要向列宁格勒发起总攻了。

到达列宁格勒后，朱可夫对方面军领导进行了改组。费久宁斯基被任命为副司令员；霍津被任命为参谋长。随后，朱可夫又撤换了第42、8两个集团军司令员。

朱可夫上任后立即着手整顿部队的士气和纪律问题。他一到前线，就发现第8集团军纪律松懈，如同一盘散沙。有些师长没有接到命令就退出战斗，不少士兵一听见枪声就跑。朱可夫认为必须采取最严厉的措施。他颁布命令，凡是失职的都要处决。为了使命令具有威力，朱可夫逮捕和枪决了一批有叛国行为或擅离职守的军官和士兵。对一些不良风气弥漫的连队宣布解散，士兵重新分配。

9月10日晚,朱可夫重新召开了军事委员会会议,以针对列宁格勒当前的局势,商讨破敌之策。

当时对列宁格勒实施进攻的是德北方集团军群的各路部队,即第4坦克集群和第18、16集团军,列宁格勒东南、南、西南和西方向的接近地成为德军进攻的最重要地段,沿这个半圆形的地段,苏方分别部署着第55、42、8集团军,其中第42集团军负责防守的南至西南方向的普尔科沃—乌里茨克一线是当时最危险的地段。

经过整整一夜的讨论,军事委员会会议决定采取以下措施:

第一,鉴于在方面军各地段上反坦克炮均严重缺乏,决定用能穿透坦克装甲的高射炮代替反坦克炮。为此应立即从城市防空部队中抽调部分高射炮,并将其配置到最危险的地段。

第二,在各个易受攻击的方向上立即组织纵深梯次配置的、健全的防御,在通向城市的要道上密集布雷,铺设部分带电网的障碍物,并特别注意普尔科沃高地。

第三,火速加强普尔科沃高地—乌里茨克地区的防御。为此应从北面的卡累利阿地峡(芬军在这里受阻)抽调第23集团军的部分兵力给第42集团军;除方面军火器外,将波罗的海舰队所拥有的舰炮火力也集中支援这里。

第四,以波罗的海舰队水兵、列宁格勒各院校人员组建5—6个独立步兵旅,限6—8天完成。

第五,上述措施,从9月11日展开执行。

然而也正是从9月11日展开,德军加紧了在普尔科沃方向的进攻,当日日终前德军攻占了杜杰尔戈夫,第二天又攻占了红谢洛(红村),防守普希金城和斯卢茨克的苏军部队也处境危急。9月13日清晨，德军又以2个步兵师、1个坦克师和1个机械化师的兵力开始向乌里茨克总方向进攻，并很快突破了苏军防御，在攻占了几个城镇后继续向乌里茨克推进。在此危急时刻朱可夫果敢而冒险地将方面军的最后一个预备队——步兵第10师投入了战斗。该师在友邻部队的协同和航空兵的支援下于14日晨向敌人实施了迅猛突击，终于收复了被攻占的那几个城镇，使该地的防御基本恢复了原来的态势。

从德军的兵力部署和进攻态势上朱可夫断定，敌人是试图从南面突破列宁格勒的防御而突入该市；由于该市南郊的建筑物十分密集且有大片的森林，他推测敌人只能沿道路进攻。因此他认为，苏军可利用这一情况，用各类炮兵组成的严密火力封锁所有的道路；以航空兵的轰炸破坏道路；用工程障碍物阻塞道路。

从以往的作战经验中朱可夫得知，德军对苏军在防御中所表现出的每一种主动性都十分敏感，苏军所进行的反突击和反冲击基本都能迫使敌人延缓进攻的速度；面对苏军的反突击和反冲击，德军往往不是集中力量坚定不移地在既定的主攻方向上突击，而是会慌忙分出部分兵力去应付苏军在某些地段上的反突击，这样也使在德军主攻方向上防御的苏军减轻了压力，并获得了加强防御的宝贵时间。

克服困难，不辱使命

9月14日，朱可夫通过电报机向总参谋长沙波什尼科夫报告了列宁格勒的局势和他拟采取的措施，其中谈道，他将马上组织第8集团军对从西南方向进攻列宁格勒的敌军的翼侧和后方实施突击，以把敌人从这个危险方向引开，而后第8集团军将与相向发起攻击的第55、42集团军合围和消灭列宁格勒西南方向的敌红谢洛集团，但第55、42集团军发起进攻的时间不会早于9月17日，因为目前他们还没有这样的兵力。在这里朱可夫将其补充兵力主要寄托在可望在近两天突围的阿斯塔宁集群身上。

朱可夫还谈道，只有在先消灭了红谢洛集团后，他的部队才能与库利克的部队协同实施突击。但他却要求库利克的部队马上突击，以解列宁格勒之围，并因此而要求沙波什尼科夫给库利克加强2—3个师，好让其突击更为迅猛有力。

9月15日晨，德军加强有坦克的4个师在空中密集火力的支援下向第42集团军防御的乌里茨克方向再次发起猛烈攻击，该集团军的第10、11师被击退到沃洛达尔斯科耶和乌里茨克镇南郊。为了防止德军由乌里茨克突入列宁格勒，朱可夫将新组建的1个内务人民委员部步兵师、1个民兵师和2个由水兵及各防空部队人员组成的步兵旅派往第42集团军，以加强其在该方向的防御。与此同时，朱可夫敏锐地抓住了德军进抵乌里茨克后其突击集团的左翼拉得过长的弱点，迅速组织起了由4个步兵师组成的第8集团军的突击集群，并利用它向德军实施了反突击。这一招果然奏效，硬是逼迫德军将部分兵力从对苏军威胁最大的乌里茨克—列宁格勒方向调往了彼得戈夫方向。

9月17日，列宁格勒的南面又出现了险情。这天敌人的6个师在北方集团军群大批航空兵的支援下，企图由南向北突入列宁格勒。接下来的几天，德军在该方向的进攻更加疯狂，且使出了各种各样的招数：9月18日德军在继续强攻普尔科沃高地的同时，又找到了第42和55集团军接合部的薄弱点，在突破这里的防线并占领了普希金城后，企图从左边迂回普尔科沃高地，从右边迂回苏军同样壁垒森严的科尔皮诺，从而突入列宁格勒。9月19日德军一面在普尔科沃和普希金城地域继续加强着攻势，一面利用炮兵和航空兵对列宁格勒进行了狂轰滥炸。这天德军对列宁格勒的炮击长达18小时，对它进行的空袭多达6次，有276架轰炸机突入该市。

面对这样的危险局势，朱可夫一方面给第42和55集团军下达了死命令："利戈沃—基斯基诺—上科伊罗沃—普尔科沃高地—莫斯科—斯拉维扬卡地域—舒沙雷和科尔皮诺地区，对于保卫列宁格勒具有极为重要的意义。因此在任何情况下也不能放弃。"另一方面又相当果敢地从位于卡累利阿地峡、所处局势相对平静的第23集团军调来了它的预备队，当这些预备队阵亡后，又调来了一些主力团，甚至不惜冒险让该集团军的某些地段暴露，终于将德军的这次进攻粉碎。

9月20日以后，德军的进攻虽仍在进行，但势头已逐渐减弱，红军整个防线有失有得，有的地段几次易手，直到9月23日，德军才开始后退，他们原定的通过乌里次克和普尔科沃高地攻入列宁格勒的计划彻底失败。苏军巩固了利戈沃、下科伊罗沃和普尔科沃一线的防御。

希特勒得知这个消息时，气得发疯。他懂得，时间不利于德国，而有利于苏联。苏联可以利用它克服巨大的困难，动员力量和制造新武器，而德国却随着时间逐步失去优势。秋季已来临了，这对德军是灾难性的。对列宁格勒再发动大的进攻，希特勒已是力不从心了。他决定，围攻列宁格勒的第4装甲集群调往莫斯科。北方集团军群不再对列宁格勒组织全线进攻，而采取集中优势兵力对重点地段进行重点进攻，同时，巩固包围圈。希特勒对里布元帅发出指示，如果不能以武力取胜，就用封锁的办法把城里的人饿死，然后将城市摧毁。

朱可夫面临的形势更加严峻了。他的军队不但要实施残酷的防御战斗，还要应付空袭、炮轰，而且还要应付更严重的饥饿。

为了加强防御，朱可夫把全城分为6个防御地段。每个地段都建立了以营防御区为基础的坚强阵地。在这些地段内共建立了99个营防御区。朱可夫要求必须在全城建筑路障，在城的周围挖掘防坦克堑壕。

为了完成这些建筑任务，平均每天有4500人参加工事的修筑。因为男子当兵去了，这些活基本是妇女干的。这些妇女所做的牺牲是十分巨大的，而且是别人所无法理解的。

朱可夫还致力于空防建设。他把防空武器都分布在城市的接近地；有的炮兵部队甚至部署在芬兰湾里的平底船上。为了迷惑德军的轰炸机，给其行动造成障碍，朱可夫还在列宁格勒上空放置了阻塞气球。

朱可夫还做了最坏的打算,就是德军突入列宁格勒城后的应变措施。朱可夫做了这些准备,即在工厂、桥梁和公共建筑物内部安放了地雷。一旦德军突入城内,就把这些建筑物连同敌人一起炸掉。朱可夫还给居民发放了武器弹药,做了大量的组织工作,实际上已让这座城市变成了一个攻不破的堡垒,使它能够迎接各种险恶情况的挑战。

朱可夫的以上努力,得到了良好的效果。

由于固守列宁格勒的苏军做了充分的准备,尽管苏军在城市周围某些地段发起的反攻未获成功,但他们得以与进攻的德军对峙达50天之久,打破了德军的南北两个方向以正面强攻夺取列宁格勒的计划。到9月底,列宁格勒南面及卡累利阿地峡至斯维尔河的战线都处于稳定状态。

列宁格勒战役期间的苏军机枪阵地

德军为了"从地球上抹掉列宁格勒",除了陆上封锁,还对它进行系统的炮轰和飞机轰炸。据统计,1941年9月,德军对列宁格勒进行了23次大规模的轰炸。第一次轰炸是在9月8日,但规模最大的则是9月21日至23日的轰炸,约有400架轰炸机参加。他们轰炸的主要目标是摧毁喀琅施塔得要塞和红旗波罗的海舰队。据统计,9月至10月,德军在空袭中共投弹9.3万多枚。由于做了充分的防范,这些轰炸未达到目的。但这毕竟给朱可夫及守军带来极其困难的局面。后勤供应基本中断,只剩下的唯一途径就是被称为"生命之路"的拉多加湖水道。通过这一水道运进的食品和弹药只能最低限度地满足朱可夫的需要,特别是粮食的状况更加恶化。9月至11月,居民的面包定量先后降了5次,11月20日降到最低限量,即高温车间的工人每人375克,一般工人和技术人员250克,职员和儿童125克。可以想象,这么点粮食会出现什么情况呢?不少妇女在挖工事时,饿得一头扎在地上再也起不来了;工人安装机器时,一下子倒在机器上再也唤不醒了。为了节约体力,路旁的尸体,人们无法进行安葬。

　　斯大林听到这个情况报告后,老泪纵横,下令动员全国所有可能动员的人力和物力支援列宁格勒,但情况未能得以根本好转。在这样困难的情况下,苏军在朱可夫的指挥下英勇作战,一次又一次地把红了眼的德军击退到他们的出发阵地。到9月底,敌人终于相信,列宁格勒的防御十分坚强,以现有的兵力摧毁它是办不到的。剩下的办法只有一个,那就是围困列宁格勒城,直到苏军自己丧失战斗力。

　　列宁格勒的军民是可歌可泣的,他们忍受难以想象的困难,顽强地坚持战斗,直到1943年3月初,苏军开始全线反攻,歼灭列宁格勒周围的德军兵团，才彻底结束了长达3年的列宁格勒保卫战。

列宁格勒保卫战的胜利，其意义是空前的。它不仅坚定了苏联人民必胜的信心，打击德军的气焰，而且牵制了德军的大量兵力和芬兰的全部军队，对其他方向战场形势的转变起了重大作用。朱可夫之所以能圆满完成最高统帅部交给他的守住列宁格勒的任务，除去他竭力组建预备队以增强守军的力量，以及在敌人发起强攻时他指挥有方、善于用兵外，还在于他运用各种措施把列宁格勒本身变成了一座坚不可摧的堡垒。在该市的东南部、南部、西南部和北部接近地，他都领导构建了主要防御地带、次要防御地带以及一系列堑壕阵地和筑垒地域。同时，他把列宁格勒划分为6个防区，每个防区都修筑了若干坚固的阵地，以营防御区域为基础。6个防御区内，共建立了99个营防御区域。朱可夫还强调，必须在全城设置路障，并命令在路障前面挖掘防坦克壕。据统计，列宁格勒地区的军民在该市周围以及市内，一共挖了150公里防坦克壕、崖壁和断崖；设置了201公里铁丝网；挖了7179条步兵班堑壕和626公里交通壕；修建了140座钢制的和混凝土石块砌成的炮兵掩体；建立了487个装甲火力点；修筑了1500个防坦克障碍物和"菱形拒马"（用钢轨焊成），以及1395个土木火力点；在建筑物内部，修了809个火力点；设置了1089个指挥所、观察哨和地下掩体部，以及许多其他防御设施。

在列宁格勒岌岌可危的紧要时刻，斯大林让朱可夫前去拯救那里的危局，足见对朱可夫的器重，而朱可夫不辱使命地赢得列宁格勒保卫战的胜利，就进一步提高了他在斯大林心中的分量。正是从这次战役开始，朱可夫成了苏军各个战场的"救火队长"，每当哪里出现了险情，斯大林就把他派到哪里去。而这次战役对朱可夫来说也是一次很好的历练。

相关链接：

"喀秋莎"火箭炮

"喀秋莎"火箭炮是世界上第一种由苏联于二战期间大量生产并装备使用的现代火箭炮，它由沃罗涅日州的共产国际工厂生产，炮架上有一个字母"K"，这是沃罗涅日共产国际工厂的出厂标记，即共产国际工厂俄文的第一个字母。由于这种新型武器当时极端保密，红军战士不知道火箭炮的正式名称，就根据这个字母"K"爱称其为"喀秋莎"，并迅速在军队里不胫而走传播开来，后来几乎成为苏军战士对火箭炮的标准称呼。

"喀秋莎"火箭炮的军队正式型号是 BM-13，它由搭载汽车和发射架两部分组成，是一种多轨道自行火箭炮，搭载发射车为苏联自己生产的吉斯 6、吉斯 151、美援的雪佛兰 G7100、福特-马蒙·夏灵顿 HH6-COE4 等，发射架由滑轨床、炮架、底架、回转盘、发射装置、瞄准装置等部分组成，共有 8 条长 5 米的发射滑轨，一次可发射弹径 132 毫米，弹长 1450 毫米，弹重 42.5 千克的火箭弹 16 发，初速 70 米/秒，最大射程 8.5 千米，高低射界 7°—45°，方向射界左右各 90°，可以单射、连射，也可以一次齐射（仅需几秒），装填弹药需 5—10 分钟，时速 90 千米。喀秋莎火箭炮以火力凶猛密集，杀伤半径大而闻名，能迅速将大量炸药倾泻到目标上，可在短时间内大量消灭暴露的敌军有生力量，有效压制敌军火力，快速摧毁敌军防御工事，在卫国战争中发挥了重要的作用。"喀秋莎"火箭炮一次投入火力数倍于其他火炮，其良好的机动性可使其在遭到敌反击前迅速撤离，而且造价低廉，易于生产，不过发射时火光烟尘明显，精准度较低，装弹时间较长，且完全没有防护，与其他火炮相比比较脆弱，因而不适合在敌方炮火威胁较大的地域作战。

1941年7月14日，苏军组建的第一个火箭炮连共7辆BM-13在连长伊万·安德烈耶维奇·费列洛夫大尉的指挥下向斯摩棱斯克附近被德军占领的奥尔沙火车站进行了一轮迅猛的齐射炮击，所发射的100多枚火箭弹使得驻守车站的德军瞬间遭到了沉重的打击，损失极为惨重。

二战期间的"喀秋莎"火箭炮主要包括BM-13、轻型的BM-8和重型的BM-31。"喀秋莎"火箭炮衍生出了多种多样的型号，一直服役至今。

第八章

保莫斯科 大败德军

莫斯科保卫战

德军在苏西南方面军防御地区所取得的重大胜利进一步刺激了希特勒的狂妄野心，在 1941 年秋季的作战计划中，重新把中央集团军群担任主攻的莫斯科方向定为主要方向，并制订了代号为"台风"的夺取莫斯科的战役计划。该计划的内容是，用对苏军两次围歼的办法，逐次达到攻占莫斯科的目的：先在维亚济马和布良斯克地区围歼掩护首都的苏军主力，再由坦克和摩托化联合兵团经克林和加里宁从西北，经图拉和卡希拉从东南对莫斯科做纵深迂回，最后在莫斯科东北方向的诺金斯克地区完成战略合围。

为了实施这一计划，德军统帅部抽调了大量兵团来加强中央集团军群，其中包括原属北方集团军群的第 4 坦克集群，以至在这个方向上集中了 53 个步兵师、14 个坦克师和 8 个摩托化师，180 多万人，占整个苏德战场上德军步兵的 38%，坦克和摩托化兵团的 64%。德军还集中了 1700 多辆坦克和 19000 门大炮在强大的空军掩护下，准备对莫斯科实行猛烈的进攻。

就在德军向莫斯科发起进攻的时候，担任莫斯科防御的西方面军、预备队方面军和布良斯克方面军的总兵力约125万人，990辆坦克，7600门火炮和迫击炮，677架飞机。从数字上看，德军兵力和装备都占优势。其中西方方面军守卫着从谢利格尔湖到叶利尼亚这段防线，负责阻止德军沿这个方向向莫斯科突破；预备队方面军的第31、32、33和49集团军在西方方面军后面，沿奥斯塔科夫—谢利日阿罗沃—奥列尼诺—斯帕斯和基洛夫一线占领防御，他们作为后备兵团用来击退突破西方方面军防御队形的德军部队，因此构成了苏军防御的第二战役梯队，但该方面军的另外两个集团军，即第24和43集团军，则部署在西方方面军防区从叶利尼亚到杜波罗夫卡的防线上；布良斯克方面军守卫着从杜波罗夫卡到普蒂夫尔的地段，其任务是阻止德军沿布良斯克—奥廖尔方向向莫斯科突破。

截至1941年9月底，上述3个方面军的作战部队共计125万人，坦克990辆，飞机677架，其中以西方方面军的兵力和兵器最多。与苏军的这3个方面军相比，德中央集团军群的力量明显占据优势：军队超过苏军0.4倍，坦克超过0.7倍，各种火炮和迫击炮超过0.8倍，飞机超过1倍。

德中央集团军群根据代号为"台风"的战役计划，对布良斯克方面军的部队开始实施突击。10月2日，德军又向苏军西方方面军和预备队方面军实施猛烈突击，接着德军又从更多的方向展开了凌厉的进攻。10月2日，德军从中部突破了苏军防线。3日，德军坦克从南翼突入奥廖尔。6日攻陷了布良斯克。同一时刻，德军突击集团急速向前推进，从南北两面包围了苏西方方面军和预备队方面军4个！虽然苏军在合围中浴血奋战，顽强战斗，但是损失是相当惨重的。据史料记载，从10月2日到10日，苏军仅被俘人员就达66.3万人，另外不少指战员为国捐躯。

上述局势令斯大林极为不安，尤其是德军在距离莫斯科较近的西方方面军地段所取得的突破，更让他忧心如焚。于是，他通过电话一面对方面军司令员科涅夫进行训斥和警告，一面要求他毫不留情地同德军作战并把部队从即将闭合的德军包围圈中解救出来。备受压力的科涅夫于是仓促组织了一次反突击，但也没有成功。10月6日德军突破维亚济马防线，西方方面军和预备队方面军的相当一部分部队在维亚济马以西和以南被合围。

一辆斯大林型坦克被德军炮火击毁

由于维亚济马防线被突破，莫斯科便处在了直接遭受攻击的危险中，因为在维亚济马防线和它后方的莫扎伊斯克防线之间的整个地区既没有中间防线，也没有能够阻止德军突击的苏军兵团，而莫扎伊斯克防线距莫斯科仅有约80公里。在此危急时刻,斯大林又想到了朱可夫,期望他能够改变局势,再创奇迹。

10月7日,黄昏,朱可夫乘飞机来到莫斯科。当他进入克里姆林宫才知道,斯大林正患流行性感冒,已经改在他的住所里工作。他急匆匆赶到斯大林住所。被德军围困的维亚济马地区情况很严重,几乎与后方失去了联系,斯大林要求朱可夫立即到西方方面军司令部去一趟,弄清情况,并随时向他电话报告。

接着,朱可夫按斯大林的要求来到了总参谋长沙波什尼科夫的办公室,仔细汇报了列宁格勒地区的形势。沙波什尼科夫则按斯大林的指示为朱可夫准备好了西部方向的地图,并向他粗略介绍了这一方向的情况和西方方面军司令部的所在地。

离开沙波什尼科夫后,朱可夫无暇休息,立即乘车前往西方方面军司令部。途中他一面拿手电筒照着地图,一面推测前线的战况和敌我双方的行动。为了驱赶因连日来睡眠不足而不断袭来的瞌睡,他不得不时常从车子上下来,在仲秋已带寒意的夜风中跑上一段距离。

到达西方方面军司令部时已是午夜,但方面军军事委员会仍在昏暗的烛光下召开会议。朱可夫向与会者说明了最高统帅部对他的委托,方面军作战部长马兰金中将则向他介绍了前线的最新战况。通过与方面军领导人的座谈和情况的分析,朱可夫当即痛心地意识到:维亚济马地区的惨败本来是可以避免的。尽管敌人在兵力和兵器上确实占据优势,但苏军若能及时而准确地判定德军的主要突击方向,并迅速从次要地段上抽调兵力来加强主要地段,还是可以避免被合围的。但遗憾的是,这里的指挥员们当时未能做到这些,致使自己的防御被敌人的集中突击所攻破;而当防线出现缺口后,又及时予以封闭。朱可夫在对战友们的这些失误做了分析后便将其牢牢地记在心中，并马上就变成了自己的宝贵财富。

10月8日2时30分，朱可夫通过电话向斯大林报告了西部战线的情况，并指出，现在的主要危险是莫扎伊斯克防线的掩护兵力薄弱，因而敌人的装甲坦克兵有可能突然出现在莫斯科附近。应尽快设法从别处抽调部队增强莫扎伊斯克防线。西方方面军的第19、20集团军和博尔金指挥的集群，预备队方面军的第24和32集团军都被合围在维亚济马以西和西南地区。

10月8日一早，朱可夫离开西方方面军司令部，冒雨前去了解预备队方面军的情况，由于并不知晓该方面军的司令部现处何地，他靠着自己的推测和沿途的打听，最后才在距奥博连斯科耶车站不远的森林中的一栋房子里，见到了方面军参谋长阿尼索夫和最高统帅部代表梅赫利斯，但这两位既讲不出本方面军及其对手的多少情况，同已到部队视察的方面军司令员布琼尼也失去了联系。朱可夫只好与他们匆匆作别，乘车沿尤赫诺夫方向亲自察看该方面军的情况。

在经过普罗特尼瓦河和奥布宁斯克时，朱可夫情不自禁地想起了自己的童年，因为距奥布宁斯克仅10公里就是他的故乡斯特列尔科夫卡村，而现在他的母亲、姐姐和姐姐的4个孩子还住在那里。他猛然想到，如果法西斯野兽来了，他们会怎样呢？如果法西斯得知他们是苏军将领的亲属又会对他们怎样呢？想到这里，他不禁吓出了一身冷汗。于是三天之后他派人把他们全都接到自己在莫斯科的寓所，而仅仅两个星期后斯特列尔科夫卡村连同这里的整个地区就陷入了德寇的魔掌。

临危受命，统领西方方面军

朱可夫刚回到司令部，斯大林就打来了电话，告诉他最高统帅部已决定由他取代科涅夫任西方方面军司令员。朱可夫表示接受，同时为使科涅夫免遭类似于巴甫洛夫那样的惩罚，他建议让科涅夫去指挥隶属于西方方面军的加里宁方向的军队集团，因为这个方向离得太远，那里理应有方面军的辅助指挥机关。

斯大林表示赞同，接着他以充满无限期望的口吻对朱可夫道：预备队方面军的番号将予以撤销，其防御地段和部队及其莫扎伊斯克防线上的部队一并交付西方方面军，都"归你指挥，赶快把一切都抓起来干吧"！

从斯大林的这些话里，朱可夫不难感受到最高统帅对他的巨大信任，但他同时也意识到，自己的担子是多么沉重，责任是何等重大。因此，他没有表现出丝毫的激动，而是十分镇静地回答道："我着手执行您的指示，但请求赶快把较大的预备队调到这里来，因为最近希特勒的军队可能增强对莫斯科的突击。"

朱可夫上任后，首先将精力投向西方方面军司令部及其各成员的工作。他决定立即将方面军司令部从克拉斯诺维多夫转移到阿拉比诺（不久又将其转移到了佩尔胡什科沃），以确保司令部的安全和便于它指挥；科涅夫带上指挥工具和几名指挥员马上前去协调加里宁方向上苏军的行动。几名军事委员到莫扎伊斯克筑垒地域司令波格丹诺夫处，现地弄清该方向上的情况。

西方方面军一些上层军官，特别是与朱可夫共过事，对他比较了解的人都知道，朱可夫是一个意志坚强、处事果断、具有杰出的才干和天赋的人，也是一个要求严格、坚持始终和目标明确的人。所有这一切品质对于一个精明强干的军事首长来说，是必不可少的。在莫斯科会战最激烈的那段时间里，朱可夫的严厉加粗暴几乎达到了让人难以容忍的程度。可能正是由于他的个性品质，他不去考虑迁就个人的感情因素，才使他在国家与民族的危难时刻，能够挑起挽救莫斯科和整个苏维埃这个极其沉重的担子，能够组织起保卫莫斯科的有效防御。

朱可夫以他特有的充沛精力和工作效率开始了他的新任务。他立即同副司令员科涅夫和参谋长索科洛夫斯基一起开了会，当场决定了几件最迫切的事情：立即在莫斯科正西方向，从沃洛科拉姆斯克到卡卢加一线建立牢固的防御带；加大纵深防御，建立第二梯队和方面军预备队，以便实施机动；组织有效的地面和空中侦察，加强对方面军各部队的指挥；安排好军队的物资技术保障；展开强有力的政治工作，提高军队士气，增强战胜德军的信心。

由于日夜紧张工作，缺乏睡眠，朱可夫和大家一样，感到极度疲劳和困倦，几乎站都站不稳了。但是，出于对莫斯科和祖国命运的强烈责任感，他们顽强地挺了下来。

眼下，朱可夫心里最苦恼的问题是兵力不够，现有的部队无法有效地保住这条136英里长的莫扎伊斯克防线。直到10月10日为止，在这条防线上仅仅部署了4个步兵师、3个后备步兵团、5个机枪营以及莫斯科炮兵学校、莫斯科军政学校、俄罗斯社会主义联邦共和国最高苏维埃学院和波多尔斯克机炮学校的学员们。这样，原来计划在这条防线上部署150个营，实际上只凑了45个营的兵力，部队的平均密度是每个营防守长达3英里宽的正面。这对于抵抗滚滚而来的法西斯军队的强大进攻，无论如何是不实际的。

最高统帅部采取了紧急措施。10月11日，莫扎伊斯克防线增入了第5集团军。12日午夜，莫斯科预备方面军的所有战斗部队和设施，全部移交给朱可夫指挥。随着各方面军部队向莫斯科方向撤退，后撤的部队也陆陆续续集结在这条防线上。同时，最高统帅部又给朱可夫派去了他迫切需要的预备队，其中包括14个步兵师、16个坦克旅、40多个炮兵团、10个地雷与喷火器连和其他部队。到了10月中旬，在这条防线上，大约已有9万人。当然，要建立真正绵密坚固的防线，这些兵力还是显得薄弱。但是此时，最高统帅部已经无能为力了。

与此同时，朱可夫迫不及待需要解决的另一大难题，就是把正在被德军包围在维亚济马的各集团军尽快解救出来。

在已经是德军后方的维亚济马以西和西北地区，被围的苏军部队仍然在与德军搏斗，企图突围，但未成功。最高统帅部和方面军首长为了援助被围部队，10月10日和12日，最高统帅部两次向被围各部队司令员发了无线电报。电报里除了扼要地通报了敌情，还规定了突围的任务，并委派第19集团军司令员卢金担任总指挥。要求他们迅速汇报突围具体计划、部队部署情况以及所需要的支援。但是两份电报都没得到答复。当时，那里的情况已经很糟，大部队失去了指挥，各分支部队不得不各自为战，单独突围。

因为没有掌握足够的兵力和火力，苏军的救援措施十分有限，突围没有获得成功。

被围部队在与德军进行坚韧不拔和不屈不挠的战斗中，虽然付出了巨大的牺牲，但是却钳制了德军向莫斯科方向的进攻速度，使朱可夫指挥的西方方面军赢得了宝贵的时间来组织莫扎伊斯克的防线。

莫斯科危急

从 10 月 13 日起，在通向莫斯科的所有重要作战方向上都开始了激烈的战斗。当天朱可夫所部被迫放弃卡卢加。10 月 15 日，德军 50 多辆坦克推进到图尔基诺沃地区，100 多辆坦克推进到洛托施诺地区，还有 100 多辆坦克推进到马卡洛沃和卡拉加托沃区，另外几十辆坦克分别到达了博罗夫斯克和鲍罗季诺地区。德陆军第 13 军向塔鲁萨方向进攻，夺取了塔鲁萨和阿列克辛两个城镇，从北面对图拉形成了包围。

在德军日益增强的压力下，西方方面军没有守住莫扎伊斯克防线，不得不向后撤退。德军在西方方面军防御的中部方向上完成了纵深突破。这样一来，就在距离莫斯科 62—74 英里的接近地上造成了极其险峻的局势，情况十分危急。

此时，莫斯科市内的紧张气氛几乎达到了顶点。到处谣传德军坦克就要冲进城里，似乎要大难临头了。市区的所有汽车都被征用到前线去了，大街上成群结队的行人来去匆匆，没有人大声说话，有的惊慌失措，放弃了自己的工作，急急忙忙逃离了这座城市。整个城市灰蒙蒙的。机关里急急忙忙焚烧的成堆的文件化成灰片,从一座座高大的建筑物上像黑雪一样纷纷飘落下来,更增加了莫斯科的悲怆气氛。

鉴于莫斯科面临的危险局面,联共(布)中央和国防委员会于10月15日决定将部分中央机关和所有外交使团紧急疏散到古比雪夫,同时把国家的重要物资储备也从莫斯科运走。不过,斯大林选择了留在莫斯科。因为,如果他一旦离开莫斯科,整个防线一定会在几天之内土崩瓦解,他是苏联的最高领袖,也是士兵们的精神支柱!

10月20日开始,莫斯科实行戒严。党中央和莫斯科市委发出了保卫苏联首都和消灭敌人的号召。在三天时间里,工人、职员、科学工作者、学生12000多人全部动员起来,组成了25个民兵营。到10月底,民兵增加到4个师,4万多人。

成千上万的莫斯科妇女武装起来开赴前线

除此之外，几十万莫斯科人不分昼夜构筑环绕首都的防御工事。在那段时间里，仅参加构筑防御内线的市民就达25万人，其中绝大部分是妇女和少年。他们用自己的双手挖出了300多万方土，构筑了7.2万米长的防坦克壕、近8万米崖壁和断崖，设置了5万多米长的桩寨和其他障碍物，挖掘了近13万米长的战壕和交通壕。前线的苏军官兵知道，全国都在保卫首都。到10月底，德军的进攻势头已经受到了阻止。

粉碎德军的第二次强攻

11月1日，斯大林把朱可夫召回最高统帅部，对他说："今年十月（俄历10月，公历11月）革命节，除了开庆祝大会外，我们还想在莫斯科举行阅兵式，你认为怎样？前线的形势允许我们这样做吗？"

朱可夫知道这个时候举行阅兵式对鼓舞军队的士气有一定的作用。他沉思了一下，回答说："敌人在最近几天内不会发动大规模的进攻。"

11月初，莫斯科举行了盛大的庆祝大会，纪念十月革命胜利24周年。在红场上举行的传统阅兵式尤其引人注目。整个场面非常悲壮，在响彻云霄的革命歌声中，斯大林以藐视和压倒一切敌人的神态，威严地站立在列宁墓上，苏军战士们则全副武装，雄赳赳、气昂昂地从列宁墓前走过，直接开赴前线。

11月上旬，德军中央集团军群总兵力增加到了74个师和4个旅，其中在西方方面军正面有51个整编师，包括31个步兵师、13个坦克师和7个摩托化师。苏军西方方面军也重新做了部署，补充了10万官兵、300辆坦克和2000门火炮，总兵力达到35个步兵师、3个坦克师、3个摩托化师、12个骑兵师和14个坦克旅。

一场惊天动地的大战即将在莫斯科附近展开。双方的指战员情绪都很高，都想把对方置于死地。然则，十分明显的是，德军在兵力上占有相当的优势。朱可夫只能尽量组织部队进行防御。就在这时，斯大林却让朱可夫尽快组织一次反突击。朱可夫因此又和斯大林争论了一番，但最终还是无可奈何地去执行最高统帅的命令了。一如朱可夫预料的那样，反突击并没有取得预期效果，反而损失了不少兵力。

11月15日，德军向莫斯科发起苦心经营半月之久的第二次进攻。15日清晨，德军开始进攻克林。同时，德军投入300多辆坦克进攻加里宁方面的第30集团军，而苏军在那里总共只有56辆轻型坦克，显然不是德军的对手，防御很快被突破了。23日，德军占领克林。几乎在同一时间里，德军又从沃洛科拉姆斯克地区发动进攻。德军为了对付苏军的150辆轻型坦克而投入了400辆重型坦克。双方展开了一场力量极不相衡的战斗。虽然苏军第16集团军打得特别顽强，但最终还是向后撤到了新的防线。27日，德军攻占了离莫斯科仅有24公里之遥的伊斯特腊。这是德军在这次大战中所到达的离莫斯科最近的地点。这意味着莫斯科已处在德军的大炮射程之内，德军用望远镜可以望见克里姆林宫的顶尖。当天夜间，一小股德军渡过了莫斯科—伏尔加河运河。

在11月16日以后的几天里，对苏军来说形势变得极端危险。在德军不顾一切动用坦克在先头开路，对苏军实施重大杀伤的情况下，苏军兵力更显不足，实力薄弱。据苏第16集团军司令员报告，当时摩托化步兵第107师只有大约300人，坦克第25师只有12辆坦克，而坦克第58师已经一辆坦克都没有了。虽然在几天残酷的战斗里，苏军损失惨重，但是他们终归阻止住了德军向莫斯科的推进。

在德军方面，虽然战线向前推进了，但是种种不祥之兆却弥漫在德军队伍里。部队已经被连续的战斗和严酷的寒冬弄得疲惫不堪，令军官们忧心忡忡。最令人不安的是，补给品奇缺。特别是缺少冬装，衣衫单薄的德军士兵在零下20多度的冰天雪地里瑟瑟发抖，一片哀怨。

11月12日，列宁格勒方面军的部队，对齐赫文实施了反突击。11月17日，南方方面军在罗斯托夫发动反攻，终于把德军坦克第1集团军赶回米乌斯河对岸。11月29日，苏军夺回了罗斯托夫，迫使德军不得不从其他地段抽调部队。而此时正值德军最需要集中兵力向莫斯科发动大规模进攻的时候。因此，苏军在其他战区的反击减轻了德军对莫斯科的压力，支援了朱可夫大规模反攻计划的实施。

据统计，从1941年6月22日到11月26日起，东线德军有24658名军官和718454名士兵阵亡、受伤或失踪。东线军队缺员34万人。步兵兵力已消耗过半，每个连队的兵员仅有五六十人。

看来此时德军已经开始左右顾暇不及、力不从心了。德军一些高级将领已经看出端倪，要求立即转入防御，把进攻日期推迟到明春。但是德军统帅部断然否定了这种建议。虽然德军的进攻受创，但是对莫斯科的威胁仍然没有减轻。德军继续缓慢地向前推进，日益逼近莫斯科。

莫斯科保卫战的胜利

一天，当德军在与加里宁方面军交战中再一次得手后，斯大林很快给朱可夫打来电话：

"你坚信我们能够守住莫斯科吗？"还没等朱可夫回答，斯大林语气缓慢地继续说："我是怀着沉重的心情问你这个问题，希望你作为共产党员诚实地回答我。"

"毫无疑问，我们能够守住莫斯科！斯大林同志！"朱可夫斩钉截铁地说。他稍停顿一下又说："但是至少还需要增加2个集团军和200辆坦克。"此时，斯大林的心情似乎轻松了一点，说话的语调也提高了："你能有这样的信心，很好！"

斯大林同意在11月底前给朱可夫再增加2个集团军，只是要求他与总参谋长商议这2个新增的集团军部署到哪里。至于朱可夫要求的200辆坦克，斯大林认为现在还不能给。战斗仍然激烈地进行着，前线的状况瞬息万变，非常复杂。

德军企图从南、北两翼包围并占领莫斯科的计划受挫后，决心在12月1日从苏军防线的中央部，单刀直入，正面突入莫斯科。进攻当天，德军部分部队突破防线 15 英里，但是很快又被迎面赶来的苏军歼灭了，其中许多德军坦克有的在地雷场被炸毁，有的被炮兵火力消灭。

德军指挥部分析，要想突破苏军防线有新的进展，必须首先除掉位于突出部的著名军火工业城市图拉，然后才能实现其他目标。于是，德军对图拉施加了强大压力。12 月 3 日，德军切断了通往莫斯科的铁路和公路，图拉终于被德军合围了。

按着朱可夫的要求，第 999 团连续战斗了 17 个小时，终于和格特曼坦克师会师了。图拉—莫斯科公路又恢复通车了。

经过五天的激战，德军以惨败告终。从 11 月 16 日到 12 月 5 日，德军在会战中伤亡 15.5 万官兵，损失 777 辆坦克和许多其他兵器。部队缺编严重，一些连队仅剩下二三十人。同时官兵士气急剧下降，对攻占莫斯科已经失去了信心。德军被迫退到纳拉河西岸。

12 月 5 日，在莫斯科周围 200 英里的半圆形阵地上，德军的进攻被全部粉碎，闪电战的"台风"攻势破产了。与此同时，也意味着苏军的反攻即将开始。

朱可夫的反攻计划总的意图是：西北面收复克林、索涅奇诺戈尔斯克；西面解放伊斯特腊；南部解除德军对图拉的包围，从而消除莫斯科面临的威胁，并进一步扩大战果，尽可能把敌人向西赶得越远越好。

在苏军大反攻前夕，苏德双方在莫斯科附近的兵力情况是：苏军共有 110 万人、7652 门火炮、774 辆坦克、1000 架飞机；德军共有 170 万人、13500 门火炮、1170 辆坦克、615 架飞机。

虽然德军兵力优于苏军，但是战线拉得太长（达 1000 公里），两翼的突击部队相距 200 公里，兵力分散。而苏军兵力却比较集中，即使在莫斯科防御战最困难的时刻，他们仍然严格限制使用预备队，以保存实力，等待时机，打击敌人。

1941年12月6日早晨，朱可夫的西方方面军从莫斯科南、北两面开始了反攻。几乎在同一时间，友邻方面军积极配合，分别在加里宁和耶列次地区向前推进。苏德双方展开了大规模的战斗。

12月12日，反攻进行了一个星期，朱可夫已经疲劳到了极点。由于睡眠严重不足，他两眼布满了血丝，眼窝深陷，声音嘶哑，对下级人员几乎失去了耐心，别人觉得他似乎有些挺不住了，但是他凭着非凡的毅力顽强地坚持着。在最疲劳的时候，他在桌子上放着好几杯酽得发黑的茶。他就是靠这种坚强的意志始终保持着惊人的精力和智慧。

经过十天的战场较量，已经削弱和极度疲惫的德军遭受了重大损失，在苏军的压力下，节节向西败退。到12月16日，苏军已把德军赶出了加里宁、克林和耶列次。

在冰天雪地中的苏军郭留诺夫重机枪阵地

正当德军在冰天雪地中且战且退时，希特勒开始寻找"替罪羊"，以便追究责任了。德南线部队司令官伦斯德、坦克集团军司令古德里安等重要高级将领纷纷被革职。德中央集团军群总司令、陆军元帅冯·包克自从12月间遭到失败后，"胃病转重"，于12月18日由冯·克鲁格元帅接替。另外，陆军总司令冯·勃劳希齐元帅经过两次请求辞去职务，于12月19日得到正式批准。为了防止出现"兵败如山倒"的残局，同一天，希特勒决定亲自担任陆军总司令。

1941年12月，苏联红军士兵押送在大反攻中被俘的德军

希特勒担任陆军总司令后发出一道命令，强迫前线部队不得撤退，坚决死守，直到最后一兵一卒、一枪一弹为止。按照希特勒的命令，德军转入防御，拼命死守。据纳粹将领勃鲁门特里特事后分析，希特勒执意下令部队不论在任何形势下，都必须坚守阵地，这无疑是正确的。因为希特勒本能地意

识到，在冰天雪地中作任何撤退，必将使前线在几天之内土崩瓦解。由于冰雪封途，撤退只能通过空旷的田野。这样，用不了几夜，部队就会支持不住，他们就会情愿在半道上躺倒等死。而且，后方也没有为他们撤退准备好新的阵地，也没有他们可以守得住的任何防线。如果出现这种情况，德国军队就会遭到同当年拿破仑大军一样的命运。

勃鲁门特里特认为，希特勒坚持要部队稳住阵脚、继续战斗的坚强意志，是他在战争中的最大成就。

但是到 12 月底，德军毕竟到了山穷水尽的地步。

在莫斯科会战中，在以朱可夫西方方面军为主力的苏军打击下，德军总共损失了 50 万人，1300 辆坦克，2500 门火炮，15000 多辆汽车和很多其他技术装备。德军被击退了 150—300 公里。苏军解放了 11000 多个居民点，收复了克林、加里宁、卡卢加等许多城市，赢得了莫斯科战役的最后胜利。

德军在莫斯科战役当中的失败，是德国法西斯发动第二次世界大战以来所遭到的第一次大失败。它打破了希特勒"闪电战"不可战胜的神话，大大鼓舞了世界反法西斯主义的斗争。莫斯科战役后，德军的有生力量大大削弱，而且从此开始走下坡路。而苏军却得到了进一步的发展壮大，士气高昂。在莫斯科战役胜利的基础上，从 1942 年 1 月 8 日开始，苏军在全国范围内转入了全线总进攻。

在这次举世闻名的战役中，朱可夫作为拯救莫斯科的英雄而名声大噪。在战役即将结束时，苏联报纸刊登了赢得莫斯科会战胜利的苏军将领们的照片。

朱可夫在回忆自己一生的战斗历程时，说了一句寓意颇深的话：每当有人问我以往战争中记忆最深的是什么，我总是回答："莫斯科会战！"然而，朱可夫还顾不上为莫斯科战役的胜利而陶醉，就匆匆奔赴总进攻的战场去了。

相关链接：

T-34 坦克

T-34 中型坦克是苏联哈尔科夫共产国际工厂设计师科什金的呕心沥血之作，1940 年 6 月完成生产图纸，9 月开始在哈尔科夫坦克厂大批量生产，在世界坦克发展史上具有举足轻重的地位，其倾斜装甲的设计思路对后世的坦克发展有着深远的革命性影响。自 20 世纪 40 年代开始到 50 年代苏联一共生产了 84070 辆 T-34，主要有两种型号：配备 76.2 毫米坦克炮的 T-34/76 和改进后配备 85 毫米坦克炮的 T-34/85。

T-34 到 1941 年换装的 76 毫米加农炮使用普通穿甲弹时，500 米距离上可穿透 69 毫米厚均质钢板，1000 米距离上可穿透 61 毫米厚钢板，当时的德国坦克没有一种能够抵挡这样猛烈的火力。此外，T-34 还可发射高爆弹和破片弹攻击软目标，具备支援步兵进攻的能力。后来全面升级的 T-34/85 坦克配备的 85 毫米主炮相比早期的 76 毫米炮穿透力几乎提高了一倍，且发射高爆弹的威力大增，可在 1000 米外轻松击穿 80 毫米厚的垂直装甲，并可在 500 米内击穿德国虎式坦克的装甲。

二战后，苏军中的 T-34 坦克直到 20 世纪 50 年代才被 T-54/55 取代。T-34 坦克也装备了很多国家的军队，曾出现在中国的解放战争中，并在朝鲜、越南、中东参战，甚至在波黑内战中都出现了 T-34 的身影。直到 2013 年，一些第三世界国家的 T-34 坦克都还处于现役状态。

莫辛 – 纳甘 M1891/30 狙击步枪

该型狙击步枪以 1930 年投产的 M1891/30 莫辛–纳甘步枪为原型枪,加长拉机柄并向下弯曲,同时在枪支左侧设置瞄具座。配用 ПЕ 型 4 倍倍率瞄准镜时全枪重 4.6 千克,配用结构简单、体积较小的 ПУ 型 3.5 倍倍率瞄准镜时全枪重 4.27 千克。电影《兵临城下》中的主角瓦西里和他的原型——苏军著名狙击手扎伊采夫所使用的即为莫辛–纳甘 M1891/30 狙击步枪。

第九章

乘胜追击 连挫德军

斯大林格勒会战

经过一系列的战役，德军已经无力在苏联战场发动全线进攻了，不得不把兵力集中在战线的南翼，以发动局部攻势。1942 年 4 月 5 日，希特勒签发作战命令，将苏德战场上一切可用的德军集中到南翼的主要战线，在顿河以西消灭苏军，夺取高加索油田和进入高加索山区的隘口。

高加索地区最重要的交通枢纽和工业中心斯大林格勒成了德军的主要进攻目标。希特勒指示部队，无论如何，必须竭尽一切努力到达斯大林格勒市区，或者至少使这座城市处于重炮射程之内，从而使它不能再成为工业中心和交通枢纽。斯大林格勒以西、以南是广阔富饶的顿河下游、库班河流域和高加索，是苏联的粮食、石油和煤炭的主要产区。1941 年，德军占领乌克兰之后，斯大林格勒成了苏联中央地区通往南方重要经济区域的唯一交通咽喉，战略位置极为重要。上述战略物资是红军与德军都急需补充的东西。可以说，谁占有斯大林格勒，谁就将取得战争的最后胜利。

由于德军在整个冬季作战中伤亡了110多万人，急需补充兵力，但德国本土已经找不出可以参战的适龄男子了。希特勒不得不把目光转向了仆从国。在对斯大林格勒发起进攻之前，希特勒从其"盟邦"获得了52个师的兵力，其中罗马尼亚27个师，匈牙利13个师，意大利9个师，斯洛伐克2个师，西班牙1个师。为了保证进攻重点，希特勒将其中的41个师增调到斯大林格勒战线南部。

苏联方面，最高统帅部认为，1942年夏季德军很可能在莫斯科方向和苏联南方方向同时实施大规模进攻战役。斯大林本人最担心的是莫斯科方向，因为该方向有德军70多个师的100多万兵力。

关于1942年春季和夏初的苏军行动计划，斯大林认为，苏军目前兵力和兵器不足，还不能展开大规模进攻战役，应限于进行积极的战略防御，但同时必须在克里木—哈尔科夫地区、利戈夫—库尔斯克方向、斯摩棱斯克方向、列宁格勒和杰米扬斯克地域实施一系列进攻战役。

莫斯科战役之后，朱可夫担任了统一指挥加里宁方面军和西方方面军的总司令。当时，这两个方面军由于没有足够的兵力兵器，所以不能继续向西大举推进，除了在某些地段上作有限的进攻外，基本处于作战间隙准备阶段。

朱可夫对最高统帅的战略战役设想基本是同意的。但是他对预定实施的方面军进攻战役的次数方面，又持不同意见。他认为这些进攻战役会大量消耗苏军预备队，并使尔后的总攻准备复杂化。

但斯大林一旦决定某件事情就不会改变，更加不喜欢有人提出不同意见。他的这一性格缺点导致苏军西南方面军5月中旬在向哈尔科夫地区的德军发起进攻的时候陷入了被动。西南方面军南北受敌，很有可能陷入德军的包围之中。

1942年5月12日，苏西南方面军集中了45个师，从南、北两个方面向哈尔科夫地区的德军发起强大攻势，想一举攻克哈尔科夫。开始三天，苏军进攻还比较顺利，突破德军防线50公里。斯大林很是满意。他当时谴责总参谋部说，险些由于总参的意见而取消了一次进展如此顺利的战役。但是好景不长，从5月17日起，德军实施了强大的反攻，战斗进行得十分残酷而又激烈，苏军很快进入了被动局面，由于南北受敌。很有可能陷入德军的包围之中。

1943年5月，古德里安在苏联哈尔科夫检查飞行状况

当时因为沙波什尼科夫生病而暂时代理总参谋长的华西列夫斯基立即汇报斯大林，并建议停止西南方面军的进攻。但是斯大林向来不喜欢改变自己的决定。他与铁木辛哥交谈之后，仍然坚持西南方面军继续进攻。5月18日西南方面军的形势进一步恶化，总参谋部再一次表示了意见。这一天，朱可

夫陪同斯大林与西南方面军司令员铁木辛哥谈话，晚上又与西南方面军军事委员赫鲁晓夫进行了谈话。他们表示，尽管敌人的危险在增大，但没有理由中止正在进行的战役。这样斯大林再一次拒绝了总参谋部的意见。

从5月19日开始，苏军在西南方向的形势一天比一天恶化了。5月23日，德军包围了南路进攻的苏军。29日战斗结束，被围苏军只有部分突围。与此同时，北路进攻的苏军也被德军切断了退路，陷入重重包围之中，虽然苏军顽强苦战，也只有2万多人突围出来。这次哈尔科夫战役，德军取得重大胜利，据德军公布的资料，在哈尔科夫战役中，德方抓获了24万名俘虏，收缴了1249辆坦克和2026门大炮。西南方面军副司令员科斯坚科将军、第57集团军司令员波德拉斯将军、第6集团军司令员戈罗德尼扬斯基将军、战役集群司令员博布金将军以及其他许多苏军将领和士兵阵亡。

朱可夫后来指出，这次战役之所以失败，"主要原因在于最高统帅的错误，他对潜伏在西南战略方向上的严重危险估计不足，没有采取措施在我国南方集中强大的战略预备队。"

在哈尔科夫战役进行的同时，克里木半岛的战斗也在激烈进行，结果苏军在这里也是连连失利。5月8日，德军突破克里木方面军的防御，并于5月16日攻陷刻赤。接着德军开始全力围攻塞瓦斯托波尔，7月4日该城失守，克里木全部陷落。

苏军在哈尔科夫战役和克里木战役中的重大失败，使德军在顿巴斯和沃罗涅日附近重新夺取了战略主动权，在调来新锐预备队后，开始向斯大林格勒地区的伏尔加流域和高加索地区迅猛推进。

为了阻挡德军进抵伏尔加河的道路，7月12日最高统帅部组建了新的斯大林格勒方面军，其编制内有从大本营预备队中派出的第62、63、64集团军以及已被撤销的西南方面军的第 21 集团军（不久又将坦克第 1、4 集团军和第 28、38 及 57 集团军中未受到损失的部队加强给了这个方面军），铁木辛哥被任命为该方面军司令员，赫鲁晓夫任军事委员。在这个方面军成立的当天，斯大林向其下达命令："务必占领顿河以西的斯大林格勒地界，无论如何也不能让敌军往东面朝着斯大林格勒的方向突破这一界线。"

然而苏军依然抵挡不住德军的进攻，斯大林遂于 7 月 22 日让戈尔多夫取代了铁木辛哥方面军司令员的职务，希望以此能使战局有所改观。可是三天之后德军还是突破了该方面军的防线，进抵卡缅斯基地域。

斯大林格勒巷战，苏军士兵正在向一幢德军占领的建筑物射击

7月27日，斯大林鉴于包括斯大林格勒方面军在内的南线各方面军的连续溃败，又发布了国防人民委员部第227号令，其中写道："'一步也不后退！'是我们应该高喊的主要口号。"

8月5日，最高统帅部鉴于斯大林格勒方面军的部队分布在长达700公里的战线上，使部队指挥产生了困难，决定将这个方面军一分为二，即斯大林格勒方面军（戈尔多夫任司令员）和东南方面军（叶廖缅科任司令员）。为了协调斯大林格勒地区各部队的行动，斯大林又派总参谋长华西列夫斯基上将赶赴该处。

经过多日激烈交战，8月23日，德军坦克突入维尔佳奇地域，把斯大林格勒的防御分割为两部分，并且逼近了伏尔加河。与此同时，德军发挥空中优势，对斯大林格勒进行了狂轰滥炸，使整个城市顷刻间变成了一片废墟。当时还在斯大林格勒的华西列夫斯基只得用没有保密性能的无线电台同斯大林通话。斯大林对斯大林格勒出现的严重局面焦虑不安，他严厉斥责了华西列夫斯基和其他一些苏军指挥员。

在德军向斯大林格勒节节推进的这些日子里，朱可夫根据最高统帅部的命令在西方方向上实施了局部进攻战役，以吸引敌人的预备队，使之不能投入斯大林格勒地域。这一做法果然收到了成效，德军统帅部原打算从西线调往南线的3个坦克师和数个步兵师不得不留下来对付朱可夫向瑟切夫卡、勒热夫地域发起的进攻。但另一方面，也正是由于这些德军部队的留下和苏军进攻力量的不足，使得朱可夫发动的这次进攻在推进到勒热夫—维亚济马铁路线后就不得不停顿下来。

来自高加索地区的苏联红军女狙击手

8月27日，正在西线忙于战事的朱可夫，突然接到了最高统帅部让他立即返回莫斯科的命令。

朱可夫不敢怠慢，当天傍晚便赶到了克里姆林宫斯大林办公室。斯大林开门见山道："南方情况的进展对我们很不利，德寇有可能占领斯大林格勒。在北高加索，形势也不太好。国防委员会已于昨天决定任命你为最高副统帅并派往斯大林格勒地域。"

斯大林走到朱可夫面前，郑重地对他说："你必须采取一切措施，让近卫第1集团军在9月2日实施反突击，并且掩护第24和66集团军迅速进入战斗。不然的话，我们就会丢掉斯大林格勒。"

朱可夫完全意识到自己身上的担子有多么重。8月29日，他已经坐在伏尔加河地域的野战帐篷中了。由于近卫第1集团军在9月2日尚未做好必要的准备，所以未能按照斯大林的要求在这天发起反突击，而是将时间推迟了一日。尽管如此，该集团军在3日发起的进攻也只向前突破了数公里，敌航空兵不间断的突击和敌坦克与步兵在炮火支援下由斯大林格勒地域所实施的反冲击，迅速阻止住了该集团军的继续推进。

9月5日拂晓以前，斯大林格勒附近并没有发生特殊事件。按照预先计划，9月5日早晨，苏军炮兵和航空兵开始火力准备，随之发起冲击。但德军的阻击仍很顽强。经过一天交战，苏军进展甚微。由于苏军这次大规模的反击，迫使德军把大量坦克、炮兵和摩托化部队从斯大林格勒附近向北调动，从而延缓了攻击斯大林格勒的速度。9月6日，战斗更为激烈。但在以后的几天中，交战双方主要采用了炮火对射和空中轰炸，苏军进展不大。9月10日，朱可夫再一次巡视了各集团军的部队。他得出了这样一个结论：目前，苏军在斯大林格勒地区浴血奋战，只能蒙受沉重损失。以现有的兵力是不能突破敌人的战斗队形并消除其走廊的。

反攻战役的初试

9月12日，朱可夫奉命飞往莫斯科，汇报斯大林格勒前线的形势。总参谋长华西列夫斯基也在向斯大林汇报前线的战况。朱可夫复述了两天前在电话上报告的内容，并补充道，在斯大林格勒方面军地段上的地形极不利于我军进攻：地形开阔，有供敌人防备我火力的峡谷。敌人占领了很多制高点，可以进行较远的炮兵观察，并能向所有方向机动火力。此外，敌人还可以由几个地域实施远程炮兵射击。在这种情况下，斯大林格勒方面军的3个集团军是不可能突破敌人防御正面的。要消除敌人的走廊并与东南方面军会师，斯大林格勒方面军至少还需要1个新锐的诸兵种合成集团军、1个坦克军、3个坦克旅和400门以上榴弹炮。此外，在作战过程中必须补充集中至少1个空军集团军。

华西列夫斯基表示同意朱可夫的计算。

斯大林要朱可夫和华西列夫斯基到总参谋部去征求一下意见，然后9点再次讨论。

第二天，朱可夫和华西列夫斯基在总参谋部整整研究了一天。他们把全部注意力集中在了有无实现一次大规模战役的可能性上，并因此对敌我双方的情况进行了分析——

苏军的情况是：第一，在斯大林格勒接近地及其市内的殊死搏斗中遭受了极为沉重的损失，用现有兵力不可能粉碎敌人。第二，苏联工业正在大大增加新式武器和炮兵弹药的生产，最高统帅部也正在完成组建拥有最新式武器和最新技术兵器的庞大战略预备队的工作。到11月份，苏军就将拥有用战斗力大、机动力强的T—34坦克装备起来的机械化兵团和坦克兵团。第三，敌人整个战线的战役布局对苏方有利，苏军处于包围敌人的态势，因而能够比较容易地在谢拉菲莫维奇和克列茨卡亚地域的登陆场上展开。

德军的情况是：第一，虽然近来取得了不少胜利，但依然无法完成其在1942年的战略计划。德军在1942年秋季所拥有的兵力和兵器，对于完成其在北高加索或顿河与伏尔加河地域的任务来说都是不够的，而德国统帅部已没有更多的力量投入南线。第二，经过连续不断地战斗，在高加索和斯大林格勒地域的德军在相当大程度上都已疲惫不堪了。第三，德军最有战斗力的保卢斯第6集团军和霍特坦克第4军虽已突击到了斯大林格勒附近，但他们在被拖入这一地域的消耗战后，已无力攻占该市。

根据以上的分析，朱可夫和华西列夫斯基认为，尽管目前斯大林格勒地区形势危急，但如果把目光放得稍微长一点和宽一点，就会发现苏军的有利之处和德军的不利之处，完全可以在近期实施一次特大规模的反攻战役。于是他们决定向斯大林提出如下的建议：第一，继续以积极防御疲惫敌人；第二，着手准备反攻，对斯大林格勒地域的敌人实施坚决地突击，以迅速改变南部的战略形势。

至于如何实施突击，朱可夫他们还提出了一个初步草案。当时德国统帅部为了尽快攻克斯大林格勒，把其精锐之师都集中在了向该市弯曲的弓形战线的中央，而防守翼侧的敌军则由战斗力较弱的罗马尼亚部队担当。根据敌军的这一部署，朱可夫他们认为，应对敌比较薄弱的南北两翼实施主要突击。

9月13日22时，朱可夫和华西列夫斯基带着斯大林格勒地域反攻计划初步草案图来到了最高统帅办公室。

朱、华二人解释说，战役可分为两个主要阶段：

第一，突破防御，合围德军斯大林格勒集团并建立牢固的对外正面，以隔绝该集团与外部敌人的联系；第二，歼灭被围敌人并制止敌人解围的企图。

斯大林基本接受了朱、华的构想，并特别强调现在的主要任务是守住斯大林格勒和不让敌人向卡梅申方向推进。

此时，东南方面军司令叶廖缅科给斯大林打来电话，报告说，德军正向斯大林格勒市区方向调动坦克部队，准备进攻。斯大林立即命令朱可夫和华西列夫斯基调动近卫第13师和航空兵增援斯大林格勒市区，牵制德军。

然后，他又要求朱可夫说先飞回斯大林格勒方面军去，着手研究克列茨卡亚和谢拉菲莫维奇地区的情况。要求华西列夫斯基飞往东南方面军研究其左翼的情况。最后，斯大林谈到了保密问题，指出，在这里讨论过的问题，除在场的三个人外，目前不要让任何人知道。1小时后，朱可夫飞往斯大林格勒方面军司令部。

希特勒于9月12日在乌克兰大本营召开了德军高级将领会议，他认为苏联已经到了精疲力竭的境地了，已不能再进行可能对德军构成危险的广泛的战略性报复行动了。于是，他便命令德军尽快将"城市拿到自己手中，不让它变成大家长期注目的焦点"。正是在这种思想的指导下,德军于9月13日对斯大林格勒又发动了猛烈的进攻。

德军攻打斯大林格勒市区的战斗从9月13日开始,到11月18日结束,历时两个月。

德军用在斯大林格勒方向上的兵力有50多个师,其中用来直接进攻市区的有13个师,共17万人。他们拥有500辆坦克、1700门大炮和迫击炮。

苏军斯大林格勒方面军和东南方面军虽然合起来有120个师,但是人员编制严重缺额,许多师只有编制人数的20%—25%,有的师仅有800人。实际上负责防守市区和西南一带的主力第62和64集团军总共只有9万人、1000门大炮和迫击炮、120辆坦克。在市区争夺战中,德军在兵力和武器上是占优势的。

德军迅速突入城中,但苏军死战不退。争夺市区的激战达到白热化的程度,全市的街道和广场都变成了激烈的战场,有些重要据点被反复争夺,第一火车站的争夺战持续了一周之久,曾13次易手。

斯大林格勒战役进行到9月底时,双方损失都十分巨大,不得不大量补充兵员。苏军最高统帅部又将6个步兵师和一个坦克旅调到了斯大林格勒市区。德军也调来了20万人的补充部队,其中包括90个炮兵营(1000多门火炮)和40个受过攻城训练的工兵营。

在朱可夫的建议下,斯大林决定撤换斯大林格勒方面军司令,任命罗科索夫斯基中将担任这个职务,并将斯大林格勒方面军改称为顿河方面军。与此同时,东南方面军则改称为斯大林格勒方面军。同时以近卫第1集团军司令部为核心,组建西南方面军司令部。西南方面军的司令员职务,预定由瓦杜丁中将担任。

指挥经验丰富的罗科索夫斯基被任命为顿河方面军司令员后，朱可夫有了更多的时间从整体上来把握战局的发展，实际上，罗科索夫斯基并不是一个喜欢被人摆布的人，他直截了当地对朱可夫说："请让我亲自指挥我的地面部队。"

朱可夫非常理解这位新上任司令员的要求，也直截了当地回答说："简单地说，你的意思是说我现在在这里无事可做了吗？"

罗科索夫斯基微笑着点点头。朱可夫微笑着说："那好吧，我今天就飞回莫斯科。"

由于经常在气象条件较差的条件下飞行，尤其是要经过战区的上空，朱可夫遇到了很多次意外情况。好在每次都是有惊无险。

到 10 月份，苏军依然在斯大林格勒市内和附近地区进行着恶战。希特勒要求德军 B 集团军群和保卢斯率领的第 6 集团军务必在近期拿下斯大林格勒。希特勒无论如何也没有想到，看上去已经奄奄一息的苏联居然能在短时间内组织兵力与其对抗。更让他没有想到的是，红军将士根本没有把个人生死放在心上，他们个个都视死如归，打光最后一颗子弹。德军与红军在斯大林格勒的废墟上进行着几乎面对面的射击。直到 11 月 11 日，德军的屡次进攻始终没有达成目的。斯大林格勒依然牢牢地掌握在红军的手中。

德军指战员的士气越来越低落，他们不敢想象还能不能活着离开这个可怕的城市。但希特勒并没有将已经逐渐显露出来的败势放在心上，依然命令部队不惜一切代价地进攻。到 11 月 13 日，随着苏军不断补充兵力和技术装备，形势已经朝着有利于苏军的方向发展。

斯大林格勒战役期间，德军驻守在战壕里

在斯大林格勒附近，德军部署的B集团军群共有80个师，3个旅，100万人，10290门火炮和迫击炮，675辆坦克，1216架飞机。德军第6集团军和第4坦克集团军作为主力部署在斯大林格勒市区的接近地带和西部外围。罗马尼亚第3集团军、意大利第8集团军、匈牙利第2集团军和德军第2集团军在其西北翼担任掩护任务。在这100万人中，真正能与红军打硬仗的也只有德军第6集团军和第4坦克集团军等约30万人。

苏军保卫斯大林格勒之战成功地持续了3个多月。据统计，从7月到11月，德军在顿河、伏尔加河、伏尔加河地域和斯大林格勒的交战中损失近70万人，1000余辆坦克、2000余门火炮和迫击炮、1400架飞机。这样，无论希特勒是否承认，事实已经很清楚，德军在斯大林格勒地域的进攻计划已告失败，其力量已到了岌岌可危的地步了。

根据战场上的形势，朱可夫已经制订了反攻计划。11月13日，他飞回了莫斯科，径直走向斯大林的办公室。斯大林的情绪很好，他眯着眼，不慌不忙地抽着烟斗，不时地捋着胡须。朱可夫在一旁向他汇报着关于反攻计划准备的情况。

在实施反攻计划的同时，苏军最高统帅部进行了一系列巧妙的隐蔽伪装。他们尽量给希特勒造成一种错觉，苏军目前在斯大林格勒方向兵力不足，无法实施大规模的进攻，但要在冬季对德军中央集团军群实施反攻。希特勒果然上当，他从法国、列宁格勒等地区抽调了12个师去加强中部战线。希特勒的失策，给即将大举反攻的斯大林格勒方向的苏军制造了更为有利的机会。

随着准备工作的就绪，斯大林格勒的反攻计划开始了。1942年11月19日8时50分，在漫天的大雪与晨雾中西南方面军和顿河方面军的部队发起进攻。西南方面军的突击兵团迅速突破了罗马尼亚第3集团军的防线，到第一天傍晚便推进了30—35公里；顿河方面军部队也深深楔入了敌军防线。第二天，斯大林格勒方面军开始发起进攻，他们在突破罗马尼亚第4集团军的防线后，勇猛地向西北和西南方向推进。罗马尼亚部队身后的德军及其所调来的预备队也无力遏制苏军的迅猛突击。

11月23日，克拉夫琴科指挥的西南方面军坦克第4军和沃尔斯基指挥的斯大林格勒方面军机械化第4军在苏维埃农庄（苏维埃斯基）地域胜利会师，从而封闭了顿河和伏尔加河之间多达22个师德军对斯大林格勒集团（第6集团军和坦克第4军）的包围圈。

此后，斯大林格勒方面军的第64、57集团军，西南方面军的第21集团军，顿河方面军的第65、24和66集团军向斯大林格勒总方向发起进攻，从两侧压缩对敌军的包围圈；而西南方面军的近卫第1集团军、坦克第5集团军和斯大林格勒方面军的第51集团军，则负责将被击溃的敌军部队驱赶到距敌被围的斯大林格勒集团尽可能远的西部,并建立牢固的对外正面,以保障顺利肃清被围之敌。到11月底,敌被围兵团所盘踞的地盘已缩小了一半,不超过1500平方公里。至此,反攻战役的第一阶段即告结束。

斯大林格勒战役期间,苏军战士越过战壕,向前冲锋

与此同时,希特勒令冯·曼施坦因元帅从列宁格勒调到南方组建德军顿河集团军群,解救被围的德军。德军顿河集团军群自称为"同死神赛跑"的部队。他们于12月19日推进到了斯大林格勒的最后一条天然屏障——米什科瓦河,并且成功地在河北岸占领了一个桥头堡。

此时,德军顿河集团军群距离斯大林格勒只有40公里。曼施坦因命令被围德军向西南突围，德军顿河集团军群在此接应。但是被围的德军根本无力奔袭40公里了，他们不但缺少食物，更缺少弹药和燃料。他们的坦克根本没有足够的燃料来跑完这40公里的路程。

苏军最高统帅部抓住这一有利时机，立即命令西南方面军和沃罗涅日方面军迂回到德军顿河集团军群的大后方，对其实施包围。至12月23日，这支新生力量以450辆坦克为前导，行程180公里，迂回到整个德军顿河集团军群的大后方。

曼施坦因有些招架不住了。他担心的不再是被困在包围圈里的30万德军，而是如何保证自身的安全。如果他再继续向前推进，整个德军顿河集团军群都有被苏军一口吃掉的危险。为了自身的安全，曼施坦因不得不急令北上的德军南撤，同时命令被围德军停止突围。希特勒营救被围德军的计划破产了。

胜利的曙光初现，朱可夫考虑的是如何尽快结束这场大规模的战役，将两个方面军调到高加索方向，粉碎那里的德军，并拦截向南部退却的德军。朱可夫来到最高统帅部，跟总参谋长华西列夫斯基制订了新的计划。

12月底，在国防委员会一次会议上，斯大林提议将消灭被围敌军的任务交由一个方面军司令员指挥，以便于作战，并问交给哪位司令员合适。这时有人提议罗科索夫斯基，还有人提议叶廖缅科。

斯大林未置可否，而是问朱可夫何以在此事上保持沉默。作为战将的朱可夫将心比心，此时不由得想到了落选者的情绪，遂答道："我认为两位司令员都能干，如果把斯大林格勒方面军的部队拨归罗科索夫斯基指挥，那么叶廖缅科必然会感到委屈的。"

斯大林打断他的话道："现在不是谈论委屈不委屈的时候。"并命他马上向叶廖缅科宣布国防委员会的这一决定。

当天晚上，朱可夫通过电话将这一决定告知了叶廖缅科，要求他将斯大林格勒方面军的第57、64和62集团军立刻转交给顿河方面军，而将斯大林格勒方面军所剩部队用以继续歼灭科捷利尼科沃地域的敌军。不久斯大林格勒方面军改称南方方面军，在罗斯托夫方向上行动。

不出所料，叶廖缅科在得到这一消息后犹如五雷轰顶，情绪非常激动。尽管朱可夫已向他解释了这样做的原因，但他还是不能理解为什么留下来消灭被围之敌的是罗科索夫斯基而不是他。于是给斯大林和朱可夫都打去电话，坚决要求把他留下来。斯大林在电话里要求朱可夫立即下达命令，将斯大林格勒方面军的第57、62、64集团军拨归罗科索夫斯基指挥。

得到斯大林格勒方面军的调过来的3个集团军之后，顿河方面军实力大增，编制内共有21.2万人，约6500门火炮和迫击炮，250多辆坦克和近300架作战飞机。苏联最高统帅部的这一决策对加速斯大林格勒战役的结束起到了很大的作用。

1943年1月，战场的形势对苏军越来越有利了。西南方面和斯大林格勒方面军已经向西推进了200—250公里。顿河方面军也在快速收拢包围圈，被围困的30万德军面临着被全歼的命运。为了尽量减少伤亡，苏军最高统帅部命令顿河方面军领导人向德军第6集团军发出最后通牒，要他们根据国际惯例缴械投降。德第6集团军司令保卢斯用电报将苏军最后通牒的全文发给希特勒，并要求准予随机行事。但是立即遭到希特勒的驳斥，希特勒命令其士兵打到最后一颗子弹。希特勒信誓旦旦地承诺，将派人来营救被围的德军，并让戈林派空军空投物资。实际上，这一点根本无法做到，每个德军士兵都明白这点。

1月10日，经过猛烈的炮火准备后，顿河方面军部队转入了旨在分割并各个消灭被围德军的进攻，但未能获得全胜。不过，包围圈已经越缩越小。12天后，经过进一步准备后，顿河方面军部队再次转入进攻，德军开始全面溃退。斯大林格勒地域的德军，初期被围在东西长40公里、南北宽20公里的圈子里。德军伤亡人数与日俱增，战斗力下降，实际上这30万人马中，有战斗力者已经不到25万。与此同时，包围圈也在逐日缩小，人人都预感到覆没的命运即将来临。

德国陆军总参谋长蔡茨勒向希特勒请求批准突围，但是希特勒对此无动于衷，因为希特勒心中另有打算。他认为当前的主要任务已经不是解救这些濒于灭亡的部队，而是使他们尽可能拖延时间，牵制住苏军，以便有时间从高加索撤退部队和建立新的防线。被围困的德军官兵都清楚地意识到希特勒已经把他们抛弃和出卖了，他的许诺已毫无价值和希望了。

到1月25日，德军被击毙、击伤和被俘者已超过了10万人。苏军又把包围圈缩小到南北长20公里、东西宽3.5公里的地段上。1月30日是法西斯在德国执政10周年。希特勒在这一天下令授予保卢斯将军以元帅军衔，同时给予被围的170名德军军官各升一级，其用心是想提高他们的士气。但是第二天，这位刚当了一夜的德军元帅、第6集团军司令保卢斯及其司令部的全体官兵就在一家百货公司的地下室里被俘了。保卢斯的参谋长代表他在投降书上签了字。1943年2月2日，被围德军全部投降或被歼灭。至此，经过200天的鏖战，这场第二次世界大战期间最大的一次战役宣告结束了。

德国陆军元帅弗里德里希·冯·保卢斯（左一）在斯大林格勒包围圈中

从1942年11月19日到1943年2月2日，在历时两个半月的斯大林格勒反攻战役中，敌军损失了5个集团军（共计80余万人），将近2000辆坦克和自行火炮，10000多门大炮和迫击炮，将近2000架飞机，70000多辆汽车。这些兵力和兵器的损失对纳粹德国的整个战略地位产生了极大的影响并彻底动摇了其整个战争机器。斯大林格勒战役是第二次世界大战中苏德战场的一个转折点，从此苏军便转入了全面反攻，掌握了战略主动权。

1943年1月30日，刚刚被授予德国陆军元帅军衔的保卢斯（中）便于次日率德第6集团军向苏军投降

苏军在斯大林格勒附近的胜利标志着战争向有利于苏联的根本转折的开始，标志着从我国领土上开始驱逐敌军。从此苏军统帅部完全掌握了战略主动权，并将其一直保持到战争结束。

与此同时，他在1月18日被晋升为苏联元帅，成为第二次世界大战中荣膺这一荣誉的第一位野战指挥官。苏联的各大报刊纷纷赞誉朱可夫为实施了斯大林关于在莫斯科、斯大林格勒和列宁格勒打退德军的计划的"才能卓著的勇敢的首长"。

库尔斯克会战

斯大林格勒战役之后，苏德战场上的兵力对比发生了明显的变化。苏军的作战部队已经发展到了660万人，火炮10.5万门，坦克1万多辆，作战飞机1.03万多架。随着军工生产的大发展，部队的技术装备仍在迅速加强。德军不管在兵力上，还是在技术装备上都已经明显落后于苏军。此时，德军及其盟国在苏联的作战部队约有550万人，火炮5.4万门，坦克5850辆，作战飞机3000架。

苏军最高统帅部抓住这一有利时机，立即命令苏军从列宁格勒到高加索的广阔战线上发起了全线反攻。南方方面军一路南下，与北高加索方面军配合歼灭了盘踞在北高加索地区的大部分德军。顿河方面军和西南方面军在德军第6集团军投降之后继续西进，收复了罗斯托夫、哈尔科夫、库尔斯克等许多具有战略意义的城市和地区。与此同时，列宁格勒方面军和沃尔霍夫方面军也在北线发动了进攻，终于在拉多加湖以南打开了一条宽8—11公里的陆地走廊，解除了德军对列宁格勒长达900天的封锁，使苏军在西北方向上的战略态势大为改善。这样一来，从南到北的整个战线上，苏军的形势越来越好。

为了扭转局势，希特勒急忙补充兵力，从南部战线实施了猛烈的反突击，重新攻占了哈尔科夫、别尔哥罗德等地。苏军顽强地抵抗着德军的进攻，致使希特勒快速进军的计划落了空。苏军在库尔斯克地区的突出阵地更是给德军的防线造成了很大威胁。在这种情况下，攻占苏军的这块突出阵地就成了德军的当务之急。3月中旬，德军便在库尔斯克地区大量集结兵力，准备发起大规模的进攻战役。

大量虎式坦克运往前线。德国人期望虎式坦克能够让他们在库尔斯克赢得胜利

3月上旬，朱可夫作为最高统帅部的代表，正在铁木辛哥元帅指挥的西北方面军中。3月中旬的一天，斯大林给朱可夫打来电话，先是向朱可夫提出

了几个有关西北战线战事今后发展方向的问题，然后又说出准备委派索科洛夫斯基指挥西方方面军的想法。朱可夫听后，向斯大林进一步建议委派西方方面军司令员科涅夫领导西北方面军，将西北方面军司令员铁木辛哥派往南方担任最高统帅部代表，帮助南方方面军和西南方面军司令员。因为朱可夫认为铁木辛哥熟悉那个地区，而且那里最近又出现了对苏军不利的情况。

1943年的苏德战场态势已经发生了转折。这时苏军作战部队达到660万人，火炮10.5万门，坦克1万多辆，作战飞机1.03万多架。随着军工生产的大发展，苏军部队的装备还会继续加强。在此期间，德军及其盟国约有550万人，火炮5.4万门，坦克5850辆，作战飞机3000架。总之，1943年作战能力不论在数量上还是质量上都已经超过德军。

为了夺回已经失去的战略主动权，德国统帅部拟订了"堡垒"进攻计划。计划的主要意图是，在库尔斯克地区歼灭苏军主力，创造一个"德国的斯大林格勒"，进而攻占顿河、伏尔加河流域，最后夺取莫斯科，完成1942年的未竟之业。

1943年4月15日，希特勒发布了一项绝密命令。命令说："我决定，一旦气候条件允许就实施'堡垒'进攻计划，这是今年的第一次进攻。这次进攻具有决定性的意义。这次进攻应迅速完成并取得决定性的胜利。这次进攻应使我们掌握今年春夏两季的主动权。与此有关的一切准备措施，必须以最慎重、最坚决的态度实施。在主要突击方向，应当使用精锐的兵团、良好的武器、有才干的指挥员和大量的弹药。每个指挥员、每个士兵必须深刻理解这次进攻的决定性意义。库尔斯克地区的胜利应该成为照耀全世界的火炬。"

为了实现这一目的，从4月到7月初，希特勒在库尔斯克地区的南、北两侧集结了50个战斗力最强的师，总兵力达到了90万人，投入了2700辆坦克和强击火炮，同时还配备了2000多架作战飞机，几乎占德军在苏德战场上全部战斗机的69%。在这次战役中，德军还装备了最新式的"虎式"和"豹式"坦克以及"斐迪南式"重型强击火炮。

库尔斯克战役期间，德国坦克装甲部队正在行进中

在100多公里的狭窄地段上，德军90万大军渐渐集结。希特勒命令他们组成两个突击集团，分别从别尔哥罗德地区和奥廖尔以南地区实施坚决而迅速的集中突击，合围库尔斯克，将苏军的主力消火在那里。

朱可夫抵达沃罗涅日方面军之后，便立即在方面军司令瓦杜丁的协同下，走访部队，了解敌我双方的兵力对比。很快，朱可夫就明白了德军的战略企图，他们要上演一个德国版的"斯大林格勒战役"。

4月28日，朱可夫将一份拟定好的作战报告上交给了斯大林。在报告中，朱可夫准确地分析了德军的战略意图，并建议在防御中消耗疲惫德军并打掉其坦克之后，再投入精锐预备队，转入全面进攻，一举消灭德军的主力。

沃罗涅日方面军司令瓦杜丁将军和军事委员会委员赫鲁晓夫对这个看似消极的建议颇不以为然，他们建议斯大林先发制人，主动对德军实施突击。朱可夫、华西列夫斯基明确表示，这个计划将把苏军的主力葬送在库尔斯克，他们极力反对。

斯大林左右权衡之后，决定以纵深梯次防御的各种火力、航空兵的猛烈突击和预备队的反突击对德军实施进攻，主动消耗德军。然后在别尔哥罗德—哈尔科夫方向及奥廖尔方向上发动猛烈的反攻，以彻底粉碎德军的战略意图，随后便发动全线进攻。

斯大林决定了对策之后，朱可夫等苏军高级指挥员便忙开了。苏军在库尔斯克战线设置了巩固的纵深防御体系，各方面构筑的工程纵深均达250—300公里。兵力也远较德军强大，仅承担主要突击任务的中央方面军和沃罗涅日方面军的兵力就达到133.6万人，技术装备更是远胜德军，共有3444辆坦克和强击火炮、19100门火炮和2900架飞机。最高统帅部把最强大的战略预备队——草原方面军也调到了库尔斯克以东地区。

从5月到6月，苏军所有的部队都为这次即将来临的大规模战役紧张地准备着。

到6月底，德军企图发动进攻的意图越来越明显。6月30日，斯大林命朱可夫留在最关键的奥廖尔方向上，负责协调中央、布良斯克和西方方面军的行动，华西列夫斯基则被派到沃罗涅日方面军去了。此时，红军进攻的准备工作也已经就绪了，一场大战即将开始。

希特勒原本打算5月就开始实施"堡垒"计划的，但由于新式的"虎式"和"豹式"坦克装备到装甲师需要一段时间，结果时间一拖再拖，一直拖到了7月初。7月4日夜间，一名德军俘虏将"堡垒"计划的进攻时间透露了出来。德军将在7月5日凌晨3点发动全线进攻。中央方面军司令员罗科索夫斯基急忙请示朱可夫:"我们怎么办?是先报告最高统帅部,还是立即下达实施进攻命令?"

朱可夫立即回答说:"时间不能再耽误了,你立即按照最高统帅部和方面军的作战计划下达命令吧!我现在就给斯大林同志打电话,向他报告我们接到的情报及采取的决定。"

斯大林对朱可夫的决定表示满意,并令他随时向自己汇报战场的最新情报。进攻即将开始,朱可夫有一些紧张,而且难以抑制。他知道,这是红军与德军力量对比发生重大改变后的第一次大规模战役,不能有任何闪失。

深夜了,朱可夫站在形势图前,仔细地研究着各种可能发生的情况。司令部的工作人员全都守在自己的岗位上,静静地等候着朱可夫下达进攻的命令。终于,朱可夫下定了决心,转身对各方面军司令说道:"好吧,现在开始进攻,一定要抢在德军前头!"

7月5日凌晨2时20分,在德军发起进攻之前,中央方面军和沃罗涅日方面军向作战部队下达了进攻的命令。顷刻间,万炮齐鸣,震天动地,重炮的轰击声、炸弹、M-31火箭弹、"喀秋莎"连珠似的爆炸声,飞机不间断的轰鸣声汇成了惊心动魄的"交响乐"。朱可夫此时坐在方面军的司令部里,心情反而觉得平静了许多。听到房子外面疾风骤雨般的射击,他不知为什么,却想象起突然遭到这番重炮袭击的德军阵地上的可怕情景:丧魂失魄的德军官兵拼命想找个什么小坑、小沟、堑壕,或者哪怕是一个小小的缝隙,来躲避一下炮弹的轰炸……

苏军的炮火虽然给德军造成了严重的损失,但并没有将其完全摧垮。

早晨5时30分,德军仍然组织了一次进攻。不过,由于损失惨重,这次进攻并不理想。随后，德军又组织了5次猛烈的冲击，企图突入苏军防御。由于苏军的防御体系十分牢固，德军每次都是无功而返。直到傍晚，德军掷弹兵和步兵才在突击炮兵和工兵的支援下，向苏军的防御前沿突破了3—6公里。

由于兵力和技术装备占据着极大的优势，又有朱可夫的指挥，苏军士兵们的防御与进攻都十分顽强，没有给德军任何可乘之机。在随后的几天里，虽然德军不惜以重大伤亡为代价，连续不断地发起冲击，但始终没能向前推进一步。

7月9日拂晓，斯大林向中央方面军指挥所打来电话，朱可夫向斯大林汇报了前线情况后，斯大林问：

"按照计划规定，现在是不是该布良斯克方面军和西方方面军左翼行动的时候了？"

"是的。"朱可夫回答说，"这里，在中央方面军地段，敌人已经没有突破我军防御的力量了。为了不让敌人有时间组织防御，应该让布良斯克方面军的全部兵力和西方方面军的左翼迅速转入进攻，否则中央方面军就不能顺利地实施反攻。"

"我同意。你到波波夫那里去，让布良斯克方面军开始行动。"接着斯大林又问："布良斯克方面军什么时候能发起进攻？"

"12日。"

"同意。"

7月12日，布良斯克方面军和西方方面军的加强近卫第11集团军转入进攻。虽然德军的防御是纵深梯次配置，工事十分完备坚固，德军抵抗也很顽强，但是苏军还是突破了德军防御并开始向奥廖尔总方向推进。驻守在奥廖尔地区的德军乱了阵脚，急急忙忙从苏军中央方面军当面的德军集团中抽调部队来加强该地的防御力量。如此一来，正中朱可夫下怀。他趁着中央方面军当面之敌力量薄弱之时，立即下令中央方面军从正面转入反攻。德军节节败退，很快就全线崩溃了。就这样，在奥廖尔地区，希特勒经过长期准备的总攻彻底垮台了。

1943年8月，经过激战，收复奥廖尔的苏军正在休息

1943年8月，一名妇女向收复奥廖尔的苏军战士献花

就在苏军在奥廖尔地区大获全胜之时，在库尔斯克南线的别尔哥罗德地区，两军也发生了激烈的战斗，双方均损失惨重。就在布良斯克方面军和西南方面军发动全线反击之时，鉴于别尔哥罗德地区的形势，斯大林命令朱可夫立即从布良斯克方面军指挥所飞往沃罗涅日方面军地段，协调沃罗涅日方面军和草原方面军的行动。

7月13日，朱可夫抵达沃罗涅日方面军指挥所。朱可夫同总参谋长华西列夫斯基、沃罗涅日方面军司令员瓦杜丁、草原方面军司令员科涅夫讨论决定，进行更加有力的反突击，继续追击德军，收复失地。

随后，沃罗涅日方面军和草原方面军发动了全线进攻，战场上的形势随之被扭转了。德军转入了防御。三天之后，德军完全停止了冲击并开始向别尔哥罗德撤退部队。8月5日，苏军解放了别尔哥罗德，德军在别尔哥罗德地区的作战计划也宣告失败了。与此同时，在北线，苏军解放了被德军占领两年之久的另一个重要城市——奥廖尔。

8月5日24时，莫斯科120门大炮齐鸣12响，祝贺这次重大胜利。这是苏联卫国战争以来第一次响起的祝捷礼炮。莫斯科沸腾了，前线沸腾了。苏联人民相信，胜利是属于他们的，德国人在不久之后就将被赶出苏联了。

库尔斯克战役就要结束了，红军在这次战役中取得了前所未有的胜利。德军一路后退，连他们占据的乌克兰第二大城市哈尔科夫也在8月23日被红军解放了。至此，苏联卫国战争中最大的一次会战以苏军的胜利而结束了。在这次战役中，德军总计损失50多万人、1500辆坦克、3000门火炮和3700多架飞机。德军的主力被消灭了。

库尔斯克战役不同于莫斯科战役和斯大林格勒战役，这次反攻战役是一次预先计划好并得到充分保障的深远突击。就苏军而言，参加这次战役的兵力比以往任何一次大规模反攻战役的兵力都多。例如，莫斯科战役苏军只有17个兵力很少的诸兵种合成集团军参加，没有坦克兵团；斯大林格勒战役，苏军有14个诸兵种合成集团军、1个坦克集团军和几个机械化军参加。而参加库尔斯克战役的有22个强大的诸兵种合成集团军、5个坦克集团军、6个空军集团军及大量远程航空兵部队。

苏联最高苏维埃主席团宣布，为苏军"卓越而果敢地指挥作战和胜利抗击德国侵略者"的将领们授勋：授予朱可夫元帅"苏沃洛夫一级勋章"；授予科涅夫大将"库图佐夫一级勋章"；授予布尔加宁中将"红旗勋章"。然而，荣誉和奖赏并没有使朱可夫扬扬自得，因为他知道，他的唯一使命和责任是使苏联人民早日结束这场邪恶的战争。

8月25日，朱可夫被召回最高统帅部，讨论苏军在更广阔的战线上展开全面进攻的计划。

相关链接：

西蒙诺夫PTRS-41反坦克步枪

该枪由著名的苏联枪械设计师谢尔盖·西蒙诺夫于1938年设计研制。由于当时的苏联红军迫切需要一种成本低且适合步兵使用的反坦克步枪，因此该枪设计完成后便立即被军方用于测试，测试通过后随即大规模投产，并在1941年正式服役，命名为PTRS-41。该枪口径14.5毫米，枪长2.1米，空枪重20.3公斤，枪机种类为短行程导气式活塞，以气动式退膛原理动作，发射方式为半自动，有效射程800米，最大射程1500米，所使用的穿甲弹枪口初速1000米/秒，能够在100米内穿透40毫米厚的装甲，供弹具为5发内部弹匣，瞄准具为机械瞄具或瞄准镜。

不可否认，PTRS-41为苏军部队提供了强大的反装甲火力，然而它的可靠性却并非那么好，当有污物进入枪机时很容易造成卡弹，枪弹发射后遗留下的火药残留物也会妨碍枪机正常动作。特别是后来更为先进的坦克逐步面世，反坦克步枪对付新型坦克不再那么有效，因此PTRS-41便走向过时了。

除苏军外，PTRS-41在东线也广泛被德军、芬兰军和波兰军缴获使用。在抗美援朝战争中，中国人民志愿军也有使用。

伊尔-2强击机

伊尔-2强击机是卫国战争时期苏联主要的强击机，由苏联伊柳申设计局于1939年研制成功，1941年装备部队，苏联空军将其广泛用于低空火力支援及对地攻击，被认为是二战最好的对地攻击机。伊尔-2的产量庞大，总产量达36163架，占到了苏联战时飞机总产量的1/3，在战争中损失了1万多架。伊尔-2连同后续机型伊尔-10加在一起总共生产了42330架，是世界航空史上单产最大的军用飞机。

伊尔-2强击机机长11.6米，翼展14.6米，机高4.2米，呈下单翼硬壳式布局，后三点收放式起落架，纵列双座封闭式座舱，机枪手座位面向后方，空重4360千克，最大起飞重量6160千克，单活塞式三叶螺旋桨发动机功率1750马力，最高时速420公里，最大航程765公里，实用升限5500米，乘员两名（驾驶员和后座机枪手），座舱、发动机及油箱均有厚实装甲防护，武备为机翼内置的2门23毫米口径航炮和2挺7.62毫米口径航空机枪，以及后座舱的1挺12.7毫米口径可回转机枪，此外还能挂载4—8枚火箭弹，弹舱和机翼最大载弹量600公斤，被苏军誉为"飞行坦克"。

伊尔-2在作战时常以4机编队飞行，发现地面目标后随即解散，轮番对目标使用航炮、机枪或火箭实施俯冲攻击，加之其低空俯冲时带来的刺耳呼啸声，给德军造成极大的心理恐慌和震撼，将其称为"黑死神"。

在1943年夏季改变苏德战场局势的库尔斯克会战中，伊尔-2发挥了巨大的作用。7月7日，伊尔-2强击机编队对突围的德军坦克集群进行了猛烈攻击，在短短20分钟内就击毁70多辆德军坦克，而在对另一德军坦克集群的攻击中，伊尔-2在两个多小时内击毁德军坦克高达270多辆，为红军部队的进攻做出了不可磨灭的贡献。

第十章

大举西进 反攻德国

大举西进，解放乌克兰

在库尔斯克战役进行的同时，世界反法西斯战争的形势也越来越明朗。7月13日，盟军在意大利南部的西西里岛登陆，意大利输得一塌糊涂。希特勒已经意识到，形势对他们越来越不利了。当时，盟军在巴尔干各国和意大利登陆的意图十分明显。为了应对西欧急剧变化的形势，希特勒决定中止"堡垒"计划。但是，事态的发展已经完全超出了希特勒的控制范围。德军将领梅伦廷曾如是说："我们现在的处境，就像一个人揪住了一只狼的两只耳朵，怎么敢撒手放开它！"

1943年8月，在库尔斯克会战结束之际，苏军第一副总参谋长安东诺夫来到前线，向朱可夫通报了斯大林和总参谋部关于下一步战役的意见。总参谋部认为，英国和美国暂时还不会在欧洲实施大规模的进攻战役，但他们在西西里岛登陆明显给希特勒造成了很大的顾虑。如此一来，从西欧调动兵力到苏联的可能性就很小了。就当前德军在苏德战场上的实力而言，他们已经很难发动任何大规模的进攻了，只能积极防御了。

基于这样的认识，总参谋部拟订的苏军作战计划原则是，在西方和西南方向上的所有方面军地带内展开进攻，以便推进到白俄罗斯东部地域和第聂伯河，夺取第聂伯河上的登陆场，保障解放第聂伯河右岸乌克兰战役的实施。

安东诺夫还告诉朱可夫，最高统帅坚决要求毫不迟延地发起进攻，以便不让敌人在通往第聂伯河的接近地上组织防御。

朱可夫表示，他赞成这个指示，但不同意进攻战役所采取的形式，即从北方的大卢基到南方的黑海，各个方面军都展开正面突击。他指出，经过某些兵力部署的变更后，有可能实施分割和合围敌军相当大的集团的战役，这会有利于尔后战争的进行。比如，如果由哈尔科夫、伊久姆地域向第聂伯罗彼得罗夫斯克和扎波罗热总方向实施强有力的突击，就可能将顿巴斯的敌南方集团分割。

安东诺夫到莫斯科后向斯大林转达了朱可夫的上述意见。几天后，斯大林通过电话告诉朱可夫，他不同意关于西南方面军部队由伊久姆地域向扎波罗热突击的建议，因为这需要相当长的时间。朱可夫没有进行争执，因为他知道，目前斯大林不是很相信更坚决地采取围歼敌人的战役是适宜的。最高统帅部眼下考虑更多的是，如何尽快地把敌军向南驱赶，以便更多的国土和百姓早日从铁蹄蹂躏下解放出来。

8月25日，朱可夫应召来莫斯科参加最高统帅部会议，以研究苏军在更广阔的战线上展开全面进攻的问题。安东诺夫在会上报告了敌方的情况，他指出，敌人正在采取各项措施，阻止苏军在西方和西南战略方向上的进攻。根据各种情报来看，德军的防御设在纳尔瓦河、普斯科夫、维捷布斯克、奥尔沙、索日河、第聂伯河、莫洛奇纳亚河一线。希特勒对这条防线寄予了厚望,将其称为将使苏军碰得头破血流的"东方壁垒"。

斯大林意识到,在这条防线以东的德军部队面对苏军的进攻,必会有计划地撤至该防线据守,因此他要求采取各项措施,最快地夺取第聂伯河和莫洛奇纳亚河,以便敌人来不及在撤退时把顿巴斯和左岸乌克兰变成无人区。接着斯大林命朱可夫计算一下,为使他负责协调的沃罗涅日和草原方面军尽快推进到第聂伯河还须补充多少兵力和兵器。

当天晚上,朱可夫向斯大林呈交了一份需求报告。斯大林花了很长时间,仔细查看了他的现有兵力兵器表和朱可夫的需求报告,最后不得不拿起红蓝铅笔把所有的要求数字都削减了30%—40%,同时鼓励朱可夫道:"剩下的,等两个方面军接近第聂伯河时,最高统帅部就拨给。"

随后,朱可夫奉命飞赴方面军的行动区域,协调两个方面军的行动。9月6日,最高统帅部命令沃罗涅日方面军和草原方面军继续进攻,推进到第聂伯河中游地区,并在该处夺取登陆场。

在朱可夫负责下,两个方面军很快就从南北两个方向快速向第聂伯河中游地区推进。9月中旬,红军已经推进到了第聂伯河岸边,准备强渡。为了扭转局势,希特勒亲自来到德军南方集团军群司令部,命令部队要不惜一切代价守住第聂伯河,哪怕战斗到最后一个人。因为希特勒十分清楚,第聂伯河一旦失守,乌克兰就保不住了,德军在南方的战线就会崩溃。这样的话,德军面临的局面将是,苏军快速向德军本土推进。那样,整个轴心国的阵营都会动摇。

当然,夺取第聂伯河对苏军的意义也不言而喻。为了进一步提高部队的士气,苏军最高统帅部于9月9日发布命令,规定各级首长,对于强渡第聂伯河左岸最大的支流杰斯纳河的,授予"苏沃洛夫勋章";强渡第聂伯河的,授予"苏联英雄称号"。

苏军士气高昂,表现出了大无畏的牺牲精神。不少部队甚至在行进间强行渡河。他们用简陋的木排、渔船、小艇等,千方百计横渡过岸。守在第聂伯河西岸的德军已经失去了信心,士气非常低落。他们眼睁睁地看着苏军蜂拥而至,除了拼死抵抗之外,根本就没有别的选择。德军的防线很快就被突破了。到9月底,苏军已经在宽达700公里的地段上完成了强渡第聂伯河的任务。这次渡河作战苏军中大约有2500名士兵、军士、军官和将军被授予"苏联英雄称号"。

1943年10月20日,沃罗涅日方面军改称乌克兰第1方面军,草原方面军改称乌克兰第2方面军。当苏军两个强大的方面军全部渡过第聂伯河后,其进攻更加锐利,势如破竹。11月6日,乌克兰第1方面军攻克乌克兰首都基辅,而后乌克兰大小城市一个接一个被苏军收复。到了12月初,苏联中部和南部的德军被击退了200多英里。而后苏德双方都暂停了下来,准备迎接严酷的冬季战役。

12月中旬,朱可夫奉命回到最高统帅部,参与讨论年度总结和近期的战争前景。长期的失眠和奔波使朱可夫极度疲劳。朱可夫利用在最高统帅部这个难得机会好好放松了一下自己的神经,好歹恢复了些体力和精神。

经过几天的全面总结和局势分析之后,苏军最高统帅部决定在1943年冬和1944年初展开北由列宁格勒南到克里木的大范围进攻。其中包括:在西南方向,解放右乌克兰和克里木;在西方方向上,尽可能多地解放白俄罗斯领土;在西北方向,应挺进到波罗的海沿岸各共和国的边界上;打破德军对列宁格勒的封锁,把敌人赶出列宁格勒州。

在确定了作战计划之后,朱可夫和华西列夫斯基便分头出发到各自负责的方面军去了。朱可夫负责协调乌克兰第1和2方面军行动,华西列夫斯基负责协调乌克兰第3和4方面军行动。

正是有了红军战士的大无畏牺牲精神和高级指挥员的负责态度,到1944年1月初,乌克兰第1方面军和2方面军在进攻战役中向前推进200多公里,解放了基辅州、日托米尔州、基洛夫格勒等很多地区。德军为了扭转战局,在乌克兰第1和2方面军侧翼的科尔松—舍甫琴科夫斯基地区部署了一个相当强大的集团。这个集团由威廉·施腾麦尔曼将军指挥,共有9个步兵师、一个坦克师和一个摩托化师。德军占据着一块约120公里宽的突出部,严重制约了苏军两个方面军向西的发展。

朱可夫研究了战场的态势之后,决定先消灭这部分德军。1月11日,他向斯大林提出了采取分割、合围歼灭这一地区敌人的计划。斯大林批准了这一计划,同时又加强了两个方面军的力量。

朱可夫信心满满,但同时也小心翼翼地组织着这次战役。参战的乌克兰第1、2方面军总共有27个步兵师、4个坦克军、1个机械化军和1个骑兵军,兵力超过德军70%。火炮、迫击炮、坦克和自行火炮也都超过德军数倍。1944年1月24日,乌克兰第2方面军从基洛夫格勒以北首先发起了进攻。次日,乌克兰第1方面军也从白教堂发动攻势向东南推进。两个方面军的先头部队于1月28日胜利会师。德军渐渐陷入了红军的包围圈。到2月3日,科尔松—舍甫琴科夫斯基的德军全部被包围起来了。

为了挽救被围困的德军,希特勒统帅部急忙从西部地区抽调了8个坦克师和7个步兵师前来解围。德军坦克第1集团军司令官胡贝将军在无线电台向被围德军慷慨许诺说:"我来救你们,你们可以像依靠石头墙一样依靠我。你们将从合围中被解救出来。目前你们应坚持住。"但是胡贝将军显然没有料到苏军远比他想象的要强大。他的进攻根本就没有起到什么作用，一部分部队甚至还被击退到原出发地区。被围困在科尔松——舍甫琴科夫斯基的德军岌岌可危，面临着被红军全歼的命运。

2月8日，朱可夫向被围德军司令官施腾麦尔曼将军发出最后通牒，要求他们在2月9日上午11时之前缴械投降。施腾麦尔曼将军决心孤注一掷，拒绝了苏军的最后通牒。苏军随即于2月11日向被围困的德军发起了猛烈的进攻。包围圈越缩越小，德军士兵已经筋疲力尽，再也无力抵抗了。

2月14日，合围圈越缩越紧。被围德军已经明白，援军是不会来了。特别是当一些将军们乘飞机逃跑后，部队中的绝望情绪更加强烈了。2月16日夜间，突然下起了暴风雪，能见度极低。德军抱着最后一线希望开始突围。苏军趁势进行分割歼灭。到2月17日，除少部分坦克和装载将军、军官和党卫军的装甲车得以突围外，被包围的德军基本上被歼和被俘。

据苏联方面统计，这次战役共击毙德军55000人，俘虏18200人；而德国方面则声称，被合围的5万军队中，有3.5万人被曼施坦因救出。但是不管谁的统计准确，战役的结局肯定是朱可夫和苏联红军胜利了。

由于各个乌克兰方面军部队的胜利行动，到1944年2月底，已为苏军接下来解放右岸乌克兰地区创造了有利的局面。

德军统帅部认为，乌克兰正值春季道路泥泞时节，这会给苏军运送弹药、燃料和给养造成特别大的困难。因此，德军有足够的时间变更兵力部署和巩固防御。事实上，苏军正是利用了德军这种错误的推算，准备向对方实施毁灭性的突然攻击。

3月7日，朱可夫部队又乘胜跋涉泥泞地带，夺取了捷尔诺波尔、普罗斯库罗夫一线，切断了利沃夫——敖德萨主要铁路干线。

德军统帅部感到十分恐慌，迅速抽调了15个师集中对付乌克兰第1方面军。经过八昼夜的较量，3月21日，朱可夫粉碎了德军的抵抗，继续向南推进。3月24日，朱可夫部队占领了切尔特科夫城，并抵近德涅斯特河。3月29日，朱可夫部队彻底解放了切尔诺夫策市。3月底又使包括23个师在内的德军集团陷入合围。

朱可夫带领乌克兰第1方面军如此风卷残云般地神速挺进，致使苏联新闻局都无法及时准确地报道。如3月27日，只好笼统报道说："解放了240个地方。"每当攻占了较大的、比较重要的地方，莫斯科在傍晚都要鸣放12响到20响礼炮。

朱可夫再次显示了高超的指挥才能，并取得了重大的胜利。因为他的卓越功绩，使他又荣膺了"第1号胜利勋章"。胜利勋章是苏联最高苏维埃主席团于1943年设立的。主要奖赏给"卓越地领导大规模的军事行动，并打败德国法西斯军队，取得辉煌胜利"的人。从设立这一勋章以来，能得到这一荣誉的只有出类拔萃的少数几个人。其中斯大林、朱可夫、华西列夫斯基三人曾两次荣获胜利勋章；戈沃罗夫、罗科索夫斯基、科涅夫、托尔布欣、铁木辛哥、马林诺夫斯基、麦列茨科夫和安东诺夫各获得一枚"胜利勋章"。而朱可夫则是获得这一荣誉勋章的第一人。

向西不断挺进

4月初,乌克兰第一方面军在朱可夫的指挥下已经推进到了捷克斯洛伐克和罗马尼亚边境。为了庆祝这一胜利,斯大林下令于4月8日再次鸣炮向朱可夫和乌克兰第1方面军致敬。4月15日,朱可夫又指挥部队乘胜夺取了重要城镇塔尔诺波尔。当晚,莫斯科人又听到了他们已经习以为常的向乌克兰第1方面军和朱可夫致敬的礼炮声。

推进到捷克斯洛伐克和罗马尼亚边境之后,乌克兰第1方面军的进攻暂时停了下来。4月22日,朱可夫奉命回最高统帅部,讨论1944年夏、秋季的作战计划。朱可夫先来到总参谋部,给斯大林打电话。接电话的是斯大林的秘书波斯克列贝舍夫。他说:"斯大林同志暂时没有时间,你不妨先休息一下。只要斯大林同志有空,我就给你打电话。"

朱可夫闻言大喜,这个时候再也没有比睡一觉更能诱惑他的了。连续几个月的作战,已经让他筋疲力尽了。放下电话,朱可夫什么也不想,倒头便睡。

直到傍晚时分，波斯克列贝舍夫才把朱可夫叫到斯大林的办公室。苏军的高级指挥员都已经在那里等候了。斯大林微笑问朱可夫："去领勋章了吗？"

朱可夫知道斯大林所说的勋章是指"胜利"勋章，但领勋章什么时候都可领，觉却不是什么时候都可以睡的。他笑了笑，尴尬地回答说："还没有去。"

斯大林朝朱可夫点了点头说："应该去领'胜利'勋章。"

朱可夫谦虚地向斯大林表示了谢意。斯大林点了点头，转向副总参谋长安东诺夫，问道："我们从哪里开始呢？"

紧接着，大家就1944年，夏秋季作战计划作了汇报。面对胜利在望的局面，斯大林显得十分轻松，他不慌不忙地掏出烟斗，点着烟，一边抽烟一边说："好，现在我们听听朱可夫同志的汇报。"

朱可夫也不紧不慢地打开自己的地图。这时，斯大林已经走到朱可夫身旁，也在认真察看眼前这张小地图。朱可夫提出了一些自己的见解。他还没有说完，斯大林便打断了他的话，对大家说："盟军打算在6月份以大批兵力在法国的诺曼底登陆。我们的盟军也着急了！"

众人闻听这个消息都感到十分高兴，这无疑会加速法西斯德国的灭亡。斯大林接着说："他们生怕我们独自打败了法西斯德国，他们没份参加。当然我们所关心的是德寇最终将在两个战场上作战，这会使他们的处境更坏。德寇将无力挽回败局了。"

斯大林在朱可夫分析战局时特别注意德军的白俄罗斯集团。当时，白俄罗斯集团是德军整个苏联境内最强大的集团军了。只要粉碎了这个集团，德军在其整个西部战略方向上的防御就垮台了。

斯大林将这一想法说了出来，又问安东诺夫："总参谋部是怎么想的？"

安东诺夫回答道："我同意您的这个看法。"

斯大林想了想，又把秘书波斯克列贝舍夫叫进来，让他接通了总参谋长华西列夫斯基的电话。几分钟，电话接通了。斯大林拿起话筒说："朱可夫和安东诺夫都在这里。你能坐飞机来商谈夏季计划吗？"

不知道华西列夫斯基是如何回答斯大林的，斯大林有些不快地说：

"你在那里忙些什么？那好吧，你就留在那儿，把你的意见给我送来。"

放下话筒，斯大林对朱可夫说："你和安东诺夫拟个夏季行动计划的初步方案，然后我们再讨论一次。"

很快，夏季行动计划便拟定完成。斯大林也批准了。这个计划决定首次进攻战役于6月份在卡累利阿地峡和彼得罗扎沃茨克方向上实施，然后在白俄罗斯战略方向上实施。

朱可夫又在莫斯科逗留了几日，以和总参谋部一起对计划做进一步的补充和修订。4月28日他返回了乌克兰第1方面军，5月初他从那里向斯大林提出建议：把乌克兰第1方面军的指挥权交给科涅夫，以便自己能立即到最高统帅部着手准备解放白俄罗斯的战役。斯大林接受了朱可夫的建议，但告诉他，乌克兰第1方面军仍然由他监管，因为在白俄罗斯战役之后，接着就要在乌克兰第1方面军的地段上实施战役。

巴格拉季昂战役

到5月中旬，在朱可夫的直接参与下，总参谋部完成了巴格拉季昂战役计划及其物资技术保障的全部文书的拟制工作。5月20日，斯大林、朱可夫、华西列夫斯基和安东诺夫对巴格拉季昂计划进行了最后的审定。

该计划的主要内容是：

首先以列宁格勒方面军和红旗波罗的海舰队在卡累利阿地峡展开进攻，然后于6月下半月用4个方面军的部队对白俄罗斯突出地带实施下述三个强大的突击：

——波罗的海第1方面军和白俄罗斯第3方面军对维尔纽斯总方向实施突击。

——白俄罗斯第1方面军对巴拉诺维奇总方向实施突击。

——白俄罗斯第2方面军在白俄罗斯第3方面军左翼集团和白俄罗斯第1方面军右翼集团的协助下，对明斯克方向实施突击。

波罗的海第 1 方面军和白俄罗斯第 3 方面军的行动由华西列夫斯基负责，白俄罗斯第 1 和 2 方面军的行动由朱可夫负责。

此外，该战役计划还规定，乌克兰第 1 方面军应在战役的第二阶段投入战斗。到那时，白俄罗斯第 1 方面军的右翼部队应已粉碎了敌博布鲁伊斯克—明斯克—斯卢茨克集团，并前出到沃尔科维斯克—普鲁扎内一线。

对于苏军即将按计划发起的巴格拉季昂战役，德军统帅部是未曾预料到的。他们认为，由于白俄罗斯的森林沼泽地形，苏军不可能将正配置在乌克兰的 4 个坦克集团军转移到白俄罗斯，也不能在白俄罗斯很好地利用这些坦克集团军。因此他们断定，苏军实施夏季首次重大突击的地方将是乌克兰，而不会是白俄罗斯。

德军统帅部的这种错误判断对于苏军顺利实施巴格拉季昂战役来说自然是求之不得的，而且德方的这种错误判断也被苏方的情报机关所获悉。

6 月 5 日，朱可夫来到了白俄罗斯前线。他先是去了罗科索夫斯基的白俄罗斯第 1 方面军，几天后又去了扎哈罗夫的白俄罗斯第 2 方面军。无论在哪个方面军，他都是先和方面军领导人一起推敲、完善其作战计划，后与他们一道到各集团军和各重要地段进行检查。

检查完两个方面军的战役准备情况后，朱可夫向斯大林做了汇报，同时指出给这两个方面军运送部队和物资的计划没有按规定期限完成。他请斯大林督促解决这个问题，并建议把远程航空兵全部用于当前的白俄罗斯战役，而推迟轰炸德国本土目标的时间。斯大林采纳了这个建议，并把空军司令员诺维科夫和远程航空兵司令员戈洛瓦诺夫派到了朱可夫处。

6 月 23 日，波罗的海第 1 方面军、白俄罗斯第 3 和 2 方面军同时发起了进攻，次日白俄罗斯第 1 方面军也转入了进攻。

由于遭遇到了敌军的顽强抵抗，加之道路太差，波罗的海第 1 方面军的推进比较缓慢，不过三天之后他们还是突击到了维捷布斯克的西北，并从该方向形成了对维捷布斯克的包围。

白俄罗斯第 3 方面军的推进则比较顺利。他们经过三天的激战，粉碎了南德维纳河和第聂伯河之间一条长约 19 公里的狭长地带的敌军防御，并于 6 月 27 日晨攻占了维捷布斯克和奥尔沙。

白俄罗斯第 2 方面军的进展也比较顺利，到 6 月 26 日该方面军的先头部队强渡了第聂伯河，在莫吉廖夫以北的河右岸占领了若干个登陆场。

苏联红军收复白俄罗斯，受到当地居民的热烈欢迎

白俄罗斯第 1 方面军根据最高统帅部的计划，决定用两个军队集团突破敌人的防御。一个集团（包括第 3、48 集团军和坦克第 9 军）在罗加切夫以北，另一个集团（包括第 65、28 集团军，普利耶夫指挥的骑兵机械化集群，

近卫坦克第1军）在帕里奇以南。两个集团的当前任务，是粉碎当面的敌人，而后实施向心突击，合围和消灭敌日洛宾—博布鲁伊斯克集群。

当时方面军司令员罗科索夫斯基对帕里奇以南集团面临的困难予以了足够重视，因为这个集团将不得不在很难通行的森林和泥泞的沼泽地作战。但实际上由于德军未曾料想到苏军会在这样的地域突击，所以其防御是据点式的，并无绵密的防线。这样该集团在这里的推进也就比较容易。

罗加切夫地域的情况则不同。那里敌人有很坚固的防御，其接近地也处于敌火力配系的射界内。由于事先对这里的敌情侦察不够，对德军的抵抗能力估计不足，因而给第3和48集团军规定了过宽的突破地段。对于罗科索夫斯基犯的这个错误，朱可夫也没有及时发现和纠正。

不过罗科索夫斯基在这里犯的另一个错误却被朱可夫纠正过来：第3集团军司令员戈尔巴托夫在得知罗科索夫斯基给他划定的突破地段后，提出了异议。他建议用坦克第3军从更往北一些的森林沼泽地域实施突击，因为根据他的情报，德军在那里的防御十分薄弱。但罗科索夫斯基却拒绝了他的建议，而命他仍在指定的地段实施突破。理由是，如果按他的建议办，那么第48集团军的主要突击地段也不得不向北推移。

戈尔巴托夫在指定给他的地段上实施的突击果然很不顺利。于是他再次请求接受他的建议，允许他向更北面的地方实施突击。这时朱可夫不顾罗科索夫斯基的态度，坚定地支持了戈尔巴托夫的意见。随后第3集团军取得了很大成功，其中坦克第3军在突袭敌军翼侧后，向博布鲁伊斯克方向迅猛推进，切断了敌军渡过别列津纳河退却的唯一道路。

6月27日，白俄罗斯第1方面军的南北两个集团形成了对敌博布鲁伊斯克集团的合围，并于6月29日将该敌军集团歼灭。

在维捷布斯克和博布鲁伊斯克地域的敌人被粉碎后,苏军的两翼集团大大地推进到敌军纵深,构成了合围敌中央集团军群的基本兵力的直接威胁。然而面对这样的危险态势,德军统帅部不是将部队迅速撤至后方地域,并向遭到苏军强大突击的两翼派出阻击兵团,以避免被合围的命运,而是在明斯克以东和东北卷入了持久的正面交战。这让朱可夫深感意外和惊讶。

苏军最高统帅部则于6月28日不失时机地向白俄罗斯第1、2和3方面军发出了新的指令,要求他们向白俄罗斯首府明斯克挺进,围歼敌中央集团军群的主力。三个方面军随即向明斯克发起了向心突击。7月3日苏军攻入了明斯克城内,并将被压缩在明斯克以东的10余万德军团团围住,一周之后,被围德军被肃清殆尽。

杀奔维斯瓦河

7月4日，最高统帅部鉴于在西部方向上已经打开了缺口，命令各方面军继续向西挺进，并分别为他们规定了如下的新任务：

——波罗的海第1方面军向立陶宛境内的希奥利艾总方向进攻，其右翼向陶格夫匹尔斯进攻，左翼向考纳斯进攻；

——白俄罗斯第3方面军向立陶宛境内的维尔纽斯进攻，并以部分兵力向利达进攻；

——白俄罗斯第2方面军向新格鲁多克、格罗德诺和波兰境内的比亚韦斯托克进攻；

——白俄罗斯第1方面军向巴拉诺维奇、布列斯特进攻，并在西布格河（白俄罗斯与波兰的界河）上夺取登陆场。

7月7日，正在维尔纽斯—巴拉诺维奇—明斯克地区指挥作战的朱可夫接到了斯大林要他返回莫斯科的电话，第二天中午时分朱可夫来到了总参谋部。

他先向安东诺夫了解了一下有关情况，下午2时20分又和安东诺夫一起来到了斯大林处。

斯大林问朱可夫："我军是否能够开始解放波兰的作战，并不停顿地一直攻抵维斯瓦河？波兰第1集团军已具备一切必要的战斗能力，把他们放在哪个地段上作战较好？"

朱可夫答道："我军不仅能够攻抵维斯瓦河，而且应该在维斯瓦河上夺取良好的登陆场，以保障今后在柏林战略方向上实施进攻战役。至于波兰第1集团军，应当用它进攻华沙。"

安东诺夫支持朱可夫的意见，同时报告说，由于德军抽调了大批部队来堵塞苏联西部各方面军打开的缺口，乌克兰第1集团军地段上的德军兵力已大为减弱。接着他又报告了按最高统帅部计划正在准备转入进攻的乌克兰第1方面军和白俄罗斯第1方面军左翼集中物资和兵力的情况。

斯大林听后对朱可夫道："现在乌克兰第1方面军的行动也要由你来负责协调，你要把主要精力放在白俄罗斯第1方面军左翼和乌克兰第1方面军。"

7月10日，朱可夫回到白俄罗斯第1方面军，与罗科索夫斯基一起研究了方面军左翼的战役计划，该计划规定：

——粉碎敌科韦利—卢布林集团；

——与方面军右翼部队协同攻占布列斯特；

——在宽大的正面上前出到维斯瓦河，并在西岸夺占登陆场。

7月11日，朱可夫又飞到了科涅夫任司令员的乌克兰第1方面军。按计划该方面军将实施两个强大的突击：一个对利沃夫方向，另一个对俄罗斯拉瓦方向（部分兵力对斯坦尼斯拉夫方向）。战役任务的纵深为220—240公里，展开突击地段的宽度为100—120公里。当时在这里准备的兵力是80个师、

10个坦克和机械化军、4个独立坦克和自行火炮旅，6100门火炮和迫击炮，2050辆坦克和3250架飞机，总兵力达111万人。

朱可夫认为，这样多的兵力完全超出了进行这一战役所需要的数量，因而应从这里调出部分兵力，用来对东普鲁士实施突击。然而当他把这一想法禀告给斯大林时，得到的仍是否定的答复。

7月13日和14日，乌克兰第1方面军先后在俄罗斯拉瓦和利沃夫方向开始了进攻，到7月18日，该方面军向前推进了50—80公里，并在布罗德地域包围了德军多达8个师的集群。与此同时，白俄罗斯第1、2和3方面军也对敌中央集团军群实施了强大突击。结果德军的战略防线被打开了一个正面宽达400公里、纵深达500公里的缺口，而德军统帅部已无力迅速封闭这个缺口。

此时，朱可夫越来越确信，盘踞在东普鲁士的、得到大量工程构筑和天然屏障掩护的敌重兵集团，已构成了苏军向柏林方向大举推进的最大隐患。因此，他坚定地认为，必须加强白俄罗斯三个方面军的力量，以便他们在行进间除掉这个隐患。

7月18日夜间，朱可夫将自己的这一意见报告给斯大林。报告中阐明了这一做法的必要性，应补给给三个方面军的兵力和兵器的数量，进攻东普鲁士的最有利的几个方向以及整个东普鲁士战役的打法。

但斯大林又一次拒绝了他的建议。对此朱可夫甚感痛心和惋惜，他在回忆录中写道："这是最高统帅的严重错误。后来，不得不进行极为困难的、流血的东普鲁士战役。"

朱可夫所投入主要精力的白俄罗斯第1方面军左翼和乌克兰第1方面军的进攻战役仍在继续进行。其中白俄罗斯第1方面军左翼在卢布林方向、乌克兰第1方面军在俄罗斯拉瓦方向的推进都比较迅速，而乌克兰第1方面军在利沃夫方向的推进则比较缓慢。

尽管如此，白俄罗斯第1方面军左翼在卢布林方向和乌克兰第1方面军右翼在俄罗斯拉瓦方向的顺利推进，还是为乌克兰第1方面军在利沃夫方向的进攻提供了有利条件。7月22日朱可夫与科涅夫就此进行了交谈，两人一致认为，应让坦克第3集团军从北面和西北面迂回利沃夫，切断敌利沃夫集团的桑河退路，并从其背后实施突击，与从正面向利沃夫进攻的苏军部队围歼该敌军集团。而乌克兰第1方面军右翼则继续在俄罗斯拉瓦—桑多梅日方向上进攻。

在朱可夫和科涅夫看来，当坦克第3集团军切断德军的桑河退路后，处在合围威胁之下的德军集团必会放弃利沃夫，问题只是早一天或晚一天而已。但7月23日黎明时分斯大林突然给科涅夫打来电话，质问："你和朱可夫怎么想到先打桑多梅日？"并明确要求"首先夺取利沃夫，然后再考虑桑多梅日"。

科涅夫将这一情况报告朱可夫后，两人商定，由朱可夫打电话向斯大林解释，而方面军部队则继续在原定方向上行动。但朱可夫在电话上依然未将斯大林说服："你和科涅夫是企图先夺取维斯瓦河，其实这条河是跑不掉的。你们要赶快攻占利沃夫。"朱可夫只好保证，将在部队前出到维斯瓦河之前占领利沃夫。

7月份的最后一个星期，白俄罗斯第1方面军左翼圆满完成了预定的作战任务。7月23日，解放了波兰境内的卢布林。7月27日，大部队跟随其先头部队前出到波兰东部的维斯瓦河，并在马格努谢夫和普瓦维强渡该河和攻占此两个登陆场。7月28日，布列斯特亦被解放。

与此同时，乌克兰第1方面军也实现了预定目标：7月27日，处在被合围状态下的利沃夫之敌仓皇撤到了桑博尔,利沃夫被苏军占领。7月29日,该方面军在克拉科夫方向强渡维斯瓦河,并占领了河西岸的桑多梅日登陆场。

也是在7月29日这天,国防委员会根据斯大林的提议,通过了因白俄罗斯战役和将敌人逐出乌克兰的战役而授予朱可夫第二枚"苏联英雄金星奖章"的决议。

历时两个月的这两次战役,粉碎了敌中央集团军群和北乌克兰集团军群,解放了白俄罗斯和西乌克兰,并肃清了立陶宛大部分地方和波兰东部的敌人。

在此期间,白俄罗斯第1、2、3方面军和波罗的海第1方面军共击溃德军70个师,其中全歼30个师。乌克兰第1方面军击溃德军30个师,其中全歼8个师。乌克兰第2、3方面军解放了摩尔达维亚,为迫使罗马尼亚和匈牙利退出战争创造了条件。

这个时候,在西北方向上,波罗的海各方面军、列宁格勒方面军和波罗的海舰队正准备对德军北方集团军群实施突击,以便在近期内解放波罗的海沿岸各共和国和粉碎敌人的这一集团。同时,东战场上的苏军和西战场的盟军正在朝柏林方向进攻德军。在此形势下,德军统帅部本应迅速撤退尚有60个师、1200多辆坦克和7000门火炮的北方集团军群,以便保存实力。然而希特勒当局由于考虑到他的"政治威信"以及幻想与英美达成单独协议,却没有这样做,而这样其北方集团军群的覆灭也就难以避免了。

一路向西

综观1944年的战局，不论国际形势还是国内形势，对苏军都十分有利。由于1943年德黑兰会议的成功，英、美军队加强了西部战场的进攻。1944年6月6日，美、英、加军队在法国的诺曼底大规模登陆，终于开辟了第二战场，使希特勒腹背受敌；同时肃清了北非的德、意军队，控制了地中海和大西洋的局势。中国的抗日武装在敌后展开了局部反攻，牵制了日军的力量。美、英在太平洋战场上重创日军，削弱了日军的军事、经济实力。这样，日本已失去了进攻苏联的可能性，使苏军解除了对德、日两线作战的后顾之忧。

德军统帅部在形势不利的情况下，在东线战场被迫转入战略防御。同时，在西线还要拿出力量对付美、英军队即将发起的进攻。为此，希特勒把本国198个师、6个旅和其他轴心国军队38个师、18个旅部署在东线苏德战场；把64个师、1个旅用于防御美、英军队在西线的进攻；把38个师、2个旅部署在意大利。

在1944年的苏德战场上，两军力量对比又有了新的变化。德军兵力已不足500万人，而苏军兵力已达650万人，超过德军兵力30%，并且从长远看，苏军潜在兵源雄厚。在武器装备方面，苏军的火炮超过德军70%，飞机超过德军170%。此时苏军拥有实力强大的装甲部队和机械化部队，有活跃在敌占区的近百万游击队。天时地利的有利条件，又使苏军能得到源源不绝的物资支援。可以说，至此，苏军已具备了足够的兵力兵器实施大规模的进攻战役。

在1944年年初，苏军与德军之间的战线，由北向南，大体上从拉多加湖南岸，经斯摩棱斯克，南下沿第聂伯河为界。该线以西的列宁格勒州、白俄罗斯、第聂伯河西岸的乌克兰和克里米亚等广大区域还在德军占领之下。驱逐德军于国门之外，完全解放仍被德军占领的苏联领土，是苏军1944年的主要作战任务。

为了完成这一任务，苏军在1944年连续向德军及其仆从军发动了10次重大战役，也就是在苏联史书上通常所说的10次打击。

第1次是在1月至2月，苏军彻底解放了列宁格勒市和列宁格勒州；第2次是在1月至3月，苏军解放了第聂伯河西岸的全部乌克兰地区；第3次打击是在3月至5月，苏军解放了苏联南方重要港口敖德萨市和克里木半岛；第4次打击是在6月，苏军将芬兰军队驱逐到1940年苏芬划定的国界线以西，迫使芬兰当局停战求和；第5次打击是在6月至7月，苏军发动白俄罗斯战役，解放了白俄罗斯全部领土和立陶宛的部分领土，并且帮助波军解放了波兰东部，逼近了东普鲁士和华沙；第6次打击是在7月至8月，苏军发动西乌克兰战役，攻占了以利沃夫为中心的西乌克兰；第7次打击是在8月至9月，苏军发动的雅西—基什尼奥夫战役，解放了莫尔达维亚加盟共和国，迫使罗马尼亚和保加利亚退出法西斯阵营，并对德国宣战；第8次打击是在9月至10月，苏军在波罗的海沿岸地区发动进攻战役，解放了爱沙尼亚全部和拉脱维亚的大部分领土；第9次打击是在10月至年底，苏军以匈牙利为主战场，包围了匈牙利首都布达佩斯，并分别进入捷克斯洛伐克和南斯拉夫境内；第10次打击是在10月份于芬兰的最北部进行的，结果把德军追逐到挪威境内。

8月23日，朱可夫受斯大林之命返回莫斯科。原来，国防委员会决定派朱可夫飞往乌克兰第3方面军，指导该方面军作好对保加利亚作战的准备。

当时保加利亚仍然由亲法西斯的巴格梁诺夫的君主专制政府统治。该政府不顾苏联政府多次警告，积极帮助希特勒德国作战。于是苏联政府于9月5日对保加利亚宣战。9月6日苏军最高统帅部给乌克兰第3方面军下达了开始军事行动的命令。

朱可夫在出发前曾会见了保加利亚工人党领导人格奥尔基·季米特洛夫。季米特洛夫预言，苏联红军一旦进抵保加利亚，不会遇到武力抵抗。

9月8日晨，苏军作好了开火的一切准备，但是从观察所里却看不见作战的目标；眼前是一派和平景象，居民区的烟囱冒着炊烟，人们在街上正常地走来走去。

正当苏军先遣部队向前推进的时候，突然迎面来了一支保加利亚军队，他们打着红旗、奏着乐曲，列队欢迎苏军。接着，当地的保加利亚居民开始自发地与苏联军人举行联欢。这样的情况，在保加利亚的其他方向上也先后发生，苏军受到当地游击队和居民的亲切接待。结果，这场准备已久的战役，却未发一枪一弹，双方无任何伤亡即告结束。9月9日，保加利亚工人党推翻了亲德政府,并向苏联正式提出停战。

就在保加利亚向苏联正式提出停战前后,意大利、芬兰、罗马尼亚这些曾是德国的盟国的国家都相继退出了战争。

乘胜追击

此时，苏军已将德军全部逐出了苏联国境，并把战场开始转移到了东欧国家和德国本土。与此同时，美、英、法军队在解放了法国、比利时和荷兰的大部国土后，已经前出到从荷兰的马斯河河口沿德国边界到瑞士一线，直抵齐格菲防线。

法西斯德国已面临严重时刻。它受到来自东面、东南面、南面和西面的夹击，没有解脱包围的可能。同时，希特勒希望联合美、英并得到其支援的计划也彻底破产了。法西斯德国的垮台已经是大势所趋了。

与此相反，苏联的形势则向更好的方面转化。特别是武器装备的生产在成倍地增长，不仅能完全保证苏联武装力量所需，而且能以武器援助中欧和东欧各国的反法西斯斗争。1944年年底，苏军人数为670万人，有106700门火炮和迫击炮、2677门火箭炮、11800辆坦克和自行火炮、14700多架飞机。

德军的力量虽然此时已不抵苏军的强大，但是，如果用于防御抵抗，也不可等闲视之。当时德国还有 940 万人的武装力量，其中作战军队有 540 万人。而在 540 万兵力中，有 370 万人、56000 多门火炮和迫击炮、近 8000 多辆坦克和强击炮、4100 架作战飞机可用于东部战场对付苏军；同时，还应该看到，苏德战场的战线几乎缩短了一半，这可以使德军有条件增强自己的防御密度。总之，1944 年年底的形势虽然对苏军有利，但是苏军若要完全战胜德国军队也不会轻而易举。

在全面分析了交战双方的实力与现状后，苏军最高统帅部决定 1945 年初在各个战略方向上都实施强大的进攻战役，这些战役的主要任务是粉碎德军东普鲁士集团并攻占东普鲁士；粉碎波兰、捷克斯洛伐克、匈牙利和奥地利的敌军；苏军部队前出到维斯瓦河河口—布龙贝格—波兹南—布雷斯劳—俄斯特拉发—维也纳一线。

苏军最高统帅部决定将最后战局的主要努力集中于白俄罗斯第 1 方面军准备进攻的华沙—柏林方向。斯大林在参加苏联十月革命节庆祝活动时曾透露，将由朱可夫指挥白俄罗斯第 1 方面军部队去攻占柏林。这使乌克兰第 1 方面军司令员科涅夫和其他一些方面军指挥员们感到不快，他们认为这是斯大林又一次专断地把夺取最后胜利的美差交给了朱可夫。

11 月 15 日，朱可夫前往卢布林，第二天他被任命为白俄罗斯第 1 方面军司令员，同时，原司令员罗科索夫斯基被调任白俄罗斯第 2 方面军司令员。

苏联最高统帅部关于西部战略方向上最后各次战役的计划，在 1944 年 11 月底最后确定。苏军在对柏林直接突击前，决定在西部战略方向上先进行两个大的进攻战役：一个由白俄罗斯第 2 和 3 方面军在东普鲁士实施进攻；另一个由白俄罗斯第 1 方面军和乌克兰第 1 方面军在华沙—柏林方向实施进攻。在具体实施中，白俄罗斯第 1 方面军应向波兹南总方向上实施突击，直达布隆贝格—波兹南及其以南地区，与乌克兰第1方面军部队取得战术联系。乌克兰第1方面军的任务是前出到格洛高西北的奥得河，以及布雷斯劳和拉蒂博尔。白俄罗斯第2方面军全部指向德军东普鲁士集团。

整个战役计划确定下来后，有一个问题使朱可夫颇费思索，就是在战役发起前怎样更好地组织炮火准备和航空兵准备。

苏军挺进至波兰首都华沙近郊

在战役准备过程中，朱可夫采取了许多反侦察措施，有意识地给德军造成集中兵力突击华沙的假象。但是朱可夫对于德军是否一定会受骗上当没有充分的把握。德军一旦觉察到朱可夫的意图，就会将其主力从第一线撤回到纵深地域，这样苏军炮火准备所发射的几十万发炮弹，则会白白地耗费掉了。

朱可夫感觉到，在异国波兰与德军作战，不同于先前在苏联本土作战。过去，苏军可以从德军后方的游击队那里获得德军情报，而在这儿却找不到游击队。对德军的情况，只能靠谍报侦察、航空兵侦察和地面部队侦察。

为了使炮火准备准确有效，朱可夫决定在总攻之前实施强有力的战斗侦察，同时伴随30分钟猛烈的炮火支援和航空兵突击。一旦德军动摇，苏军主力则趁势发起总攻。

结果，德军经受不住对方的侦察冲击，误认为是苏军主力发起冲击，于是开始从前沿阵地向纵深撤退。就在这时，朱可夫指挥全部火炮和飞机向德军猛烈射击、轰炸。接着，各集团军第1梯队发起冲击。

就这样，苏军不仅使突破性进攻一步步地展开了，而且也节约了几十万发炮弹。朱可夫心里清楚，这些炮弹在以后的战役中是非常有用的。

在朱可夫的白俄罗斯第1方面军的冲击下，德军开始从华沙撤离部队了。

与此同时，在白俄罗斯第1方面军的右翼，白俄罗斯第2和3方面军也同时对东普鲁士德军集团转入进攻。在白俄罗斯第1方面军左翼，由科涅夫元帅指挥的乌克兰第1方面军的进攻也很顺利。这个兵力和装备与白俄罗斯第1方面军一样强大的方面军，凭借自己的实力，仅六天时间，就向前推进了150公里，造成了进一步向奥得河进攻的有利形势。

1945年1月17日，白俄罗斯第1方面军与乌克兰第1方面军前出到同一线上。同时，波兰第1集团军和朱可夫的部队当日进入华沙。在安排进入华沙的时间和顺序时，朱可夫有意让波兰第1集团军首先进城，这一点无疑是明智之举。

朱可夫和其他方面军军事委员们巡视了波兰首都华沙。这已经是一个破烂不堪的城市，街区和建筑都被烧毁或破坏，公用设备不能使用，成千上万居民流离失所，市内一片死寂。

华沙失守，德军吃了败仗，希特勒又像过去一样，撤换了一批将领。为了对付苏军强大的攻势，希特勒赶紧向东部战场调兵遣将，但是调来的部队还没有完全展开，就被苏军急剧的突击所击溃。由此看来，德军在波兰境内已经完全丧失了阻止苏军进攻的希望。

在朱可夫的指挥下，白俄罗斯第1方面军愈战愈勇，一路取胜。1月19日罗兹市被攻克。1月23日比得哥什被占领。1月24日部队到达波兹南附近，展开了夺取波兹南的战斗。

朱可夫的部队急剧地向前发展，梅瑟里茨筑垒地域的德军很快被摧毁了。当朱可夫的部队突然神奇般地出现在距柏林仅70公里处的时候，大大出乎德国人的意料。在先遣队突入基尼茨时，苏军看到德军士兵还在马路上安闲地散步，饭店里坐满了正在大吃大喝的德国军官。从基尼茨到柏林一线的火车仍按步就班地运行着，通信也在正常地运转，好像一切事情都没有发生一样。白俄罗斯第1方面军突击集团4月16日对柏林的进攻，就是从这个登陆场发起的。

1945年2月初，德军在柏林接近地上的兵力十分有限，防御相当薄弱。这对朱可夫部队一鼓作气拿下柏林从而尽早结束这场旷日持久的战争来说，无疑是极为有利的。对于这一点，朱可夫心里是清楚的。能摘取这一历史性的胜利果实，对朱可夫来说，自然也是莫大的荣耀。

然而，就在朱可夫部队向奥得河全力推进的时候，德军在其右翼的东波美拉尼亚实施反攻的威胁，也一天比一天增大了。当时德军在东波美拉尼亚集结了40个师的部队。

德军统帅部打算将这些部队隐蔽在格鲁琼兹地域，等到朱可夫的部队向柏林进攻，就以迅雷不及掩耳之势，向朱可夫部队后方实施突击，并越过瓦尔塔河和内策河平原，前出到屈斯特林。如果德军这一企图得以实现，朱可夫的白俄罗斯第1方面军将会处于十分被动不利的境地。

在决定是否要一鼓作气攻占柏林的问题上，让朱可夫为难的还有两个原因：一个是白俄罗斯第1方面军在刚刚实施的维斯瓦河—奥得河战役中，部队的伤亡比较大。战役结束后，各步兵师人数平均只有5500人左右；两个坦克集团军仅有坦克740辆，每个坦克旅平均有坦克40辆。由于装备和人员都受到很大削弱，将必然影响到对柏林实施进攻的能力。另一个原因是部队的后勤保障问题。由于朱可夫的部队不间断地向前推进了500多公里，在如此高速度前进的情况下，后勤辎重是很难跟上的，这样就使部队在物资器材、弹药和燃料方面感到紧张。

考虑到这些因素，朱可夫决定先不冒险去攻打柏林，他于1月31日向斯大林做了汇报。在报告中，朱可夫建议斯大林命令罗科索夫斯基元帅立即组织部队向西进攻，以尽可能地靠近白俄罗斯第1方面军的右翼；同时责成科涅夫元帅指挥乌克兰第1方面军迅速前出到奥得河。

对于朱可夫的建议，斯大林既没有立即答复，也没有给白俄罗斯第1方面军什么具体支持。

朱可夫认为，在1945年2月以前都不能进行柏林战役。朱可夫的这一看法，显然也得到了斯大林的同意。

直到2月10日，斯大林才命令白俄罗斯第2方面军向东波美拉尼亚的德军发起进攻。为了配合白俄罗斯2方面军的行动，朱可夫指挥白俄罗斯第1方面军右翼也转入进攻，从而加快了苏军在东波美拉尼亚的推进速度。3月初，白俄罗斯第1方面军和第2方面军的部队已经前出到波罗的海沿岸和奥得河下游。到3月底，白俄罗斯第2和第1方面军结束了东波美拉尼亚战役，整个东波美拉尼亚都已掌握在苏军手中。

与此同时，乌克兰第1方面军于2月和3月份在西里西亚也胜利地完成了两个战役,并在3月底前出到尼斯河,与早先到达奥得河的朱可夫部队并列成一线。

至此,苏军历史上最著名的战役之一维斯瓦河—奥得河战役即告结束。这一进攻战役,几乎呈一边倒的形势。据苏联方面宣称,在23天的战役中,苏军消灭德军整编的"A"集团军群35个师。仅白俄罗斯第1方面军和乌克兰第1方面军就俘虏敌人14.7万多名官兵,摧毁和缴获1377辆坦克和自行火炮、5707门迫击炮和1360架作战飞机。苏军在这一战役中,平均每昼夜向前推进25—30公里,而各坦克集团军则达到平均45公里的速度,最高时一昼夜达到70公里。这样的进攻速度,在苏联卫国战争中还是第一次。

在同一时间里,苏军乌克兰第2和3方面军进行了维也纳战役,粉碎了德军"南方"集团军群的30多个师。4月中旬,苏军进入了奥地利,占领了维也纳,打开了向捷克斯洛伐克中心地域进军的道路。这样,德国完全失去了匈牙利和奥地利的石油产地和武器生产基地。

到4月底,苏军战略正面的几个方面军基本处于同一线上,这使苏军在柏林方向上占有一条宽大的作战面,并在两翼获得了可靠的保障,这为下一步彻底粉碎德军柏林集团和突击柏林创造了有利的条件。

在西线战场上,美、英等盟军于2月和3月强渡莱茵河,德军在东西两个战场几乎是土崩瓦解般地惨败,使得希特勒已无力量继续作战。他的灭亡已经指日可待了。

美苏两军在易北河会师

就在胜利即将到来之际,新的矛盾也在同盟国之间产生了。

英国首相丘吉尔在1945年4月1日给罗斯福的信中把这一矛盾的要害问题端了出来。他写道:"俄国军队毫无疑问将占领整个奥地利并进入维也纳。假如柏林也由他们占领,难道他们不会不适当地得出印象,似乎是他们对我们的共同胜利做出了绝大部分贡献?难道这种印象不会使他们产生一种将给未来造成极为重大困难的情绪?因此,我认为从政治观点来看,我们应尽可能向德国东部推进,如果柏林是在我们能达到的范围之内,我们毫无疑问应当将它占领。"

随后,美、英军队统帅部一改过去那种犹豫拖延的态度,而是加足马力,以最快的速度向德国的中心地域和柏林推进,努力在苏军到达之前将其占领。

相关链接：

SU-152 自行火炮

SU-152 自行火炮是苏联为应对 1943 年德军在前线新投入的"虎式"重型坦克而研制的新型自行火炮，由著名坦克设计师雅科夫列维奇·科京在车里雅宾斯克的基洛夫工厂领导开发，利用 KV-1S 重型坦克的底盘安装 152 毫米口径火炮设计而成，1943 年 2 月 14 日正式获批并投产，3 月 1 日首批 35 辆 SU-152 装备苏军开始服役，到 1943 年年底 SU-152 一共生产了 704 辆。

SU-152 的主要作用是在各战略方向主要地段负责支援重型坦克突破德军的纵深防御，以及强化苏军装甲部队的突击火力。该车车长 8.95 米，车宽 3.25 米，车高 2.45 米，战斗全重 45.5 吨，乘员 5 人，装备的 152 毫米口径榴弹炮是二战苏军最重要的压制武器，配用的穿甲弹重 48.78 公斤，破甲弹重 43.6 公斤，炮口初速 655 米/秒，最大射程 17.3 公里，射速 2-3 发/分钟，能有效击穿 1000 米距离的 124 毫米厚垂直装甲，在 2000 米的距离上可击穿 110 毫米厚的垂直装甲，但是由于火炮口径大，使得备弹量仅有区区 26 发，因此持续作战的能力较差。

由于 152 毫米口径火炮后坐力很大，所以 SU-152 采用的是大型固定战斗室而非传统的炮塔，其战斗室采用防弹性能优越的六角外形设计，装甲正面厚 60—75 毫米，侧面厚 55 毫米，顶部厚 22—30 毫米，防护效果良好。由于相比炮塔固定战斗室减轻了很多不必要的重量，所以 SU-152 能够保持良好的机动性，加上配置的 V-2 柴油机最大功率达 600 马力，使得 SU-152 最大公路时速达到43公里，优于德军的虎式坦克，其最大公路行程330公里更是远胜于当时的德军各型坦克。

在库尔斯克会战中，SU-152是苏军对抗德国"虎式"重型坦克和"黑豹"中型坦克的主力，曾有12辆SU-152在3周内共击毁德军12辆"虎式"坦克和7辆"象式"自行火炮。鉴于SU-152的战斗表现极为出色，能够有效对抗并摧毁德军以动物（虎、豹、象）命名的各式装甲车辆，因而很快便赢得了"动物杀手"的美称。

"豹式"坦克

"豹式"坦克又称五号坦克，为德国在第二次世界大战投入使用的一款坦克，它主要于1943年中期至1945年的欧洲战场服役。它原本被打算用作对抗苏联T-34的武器，以及取代三号坦克和四号坦克，并与它们和一些重型坦克一同作战，直至战争结束。而它亦被认定为德国在二战中最出色的坦克，并与苏联的T-34/85齐名。

在1944年之前它被标识为五号坦克豹式，并被陆军部编号为Sd. Kfz. 171。在1944年2月27日，希特勒下令它改称"豹式坦克"。

"豹式"无疑是为了对抗苏联T-34坦克而制造出来的，因为T-34坦克性能远超于当时德国所拥有的三号坦克和四号坦克。在德军古德里安将军的大力要求下，最高统帅部派出一支部队至东线战场，针对敌之T-34坦克作出评估。苏联坦克设计上最为深思熟虑的，是其倾斜式装甲，不但可以轻易弹开来弹，而且也增加了装甲的密度，使得来弹不易射穿。此外，较宽的履带以及较大的路轮也大幅改善了在松软地面上的机动性，还配备了一支机枪。戴姆勒-奔驰（DB公司）和MAN公司被授命设计新型的30-35吨位的坦克，指定开发编号为 VK3002。最后由 MAN 公司赢得德国军部的赏识，其设计更在 1942 年 5 月受到采纳。第一架由 MAN 公司接受生产的豹式坦克试作型在 1942 年 9 月出炉，经过测试后受到军方采用。同年 12 月正式投产。德国对此坦克的需求量甚大，因此在 1943 年以后，豹式坦克的生产不再是 MAN 公司的专利，并开始由戴姆勒-奔驰公司、MNH 公司、HS 公司分担生产。在 1943 年间，平均一个月只生产 148 架豹式坦克，在 1944 年却增加了 67 架的产量。直至战争结束，德国总共生产至少 6000 辆豹式坦克。

第十一章

攻克柏林 接受投降

攻克柏林

1945年的2月，德国法西斯的统治已经摇摇欲坠，寿命屈指可数。随着德国法西斯覆灭之日的临近，苏联与西方盟国之间的矛盾开始暴露出来，尤其在谁先占领德国首都柏林的问题上更是如此。虽然根据雅尔塔会议的决议，苏联对德国的占领区应远及柏林以西地区，且此时苏军已进抵奥得河和尼斯河一线，距离柏林仅有60—100公里，且做好了开始柏林战役的准备，但以丘吉尔为首的英国政府仍企图抢在苏联之前占领柏林。

盟军总司令艾森豪威尔虽在3月底通报斯大林，美英军队将对德国东北部和南部实施突击，而在柏林方向上将不越过规定的区域，但4月7日他在向盟军联合参谋部通报最后几个战役的决心时，却又这样讲道：

"倘若攻克莱比锡之后，不会有太多伤亡就能进至柏林的话，我将这样做。""我非常同意进行战争是为了达到政治目的，如果盟国占领柏林的意图超出本战场的纯军事考虑，我将乐于修改自己的计划和想法以实施这一战役。"

这个时候，斯大林对于美英军队究竟会不会抢在苏军前面占领柏林，他委实拿不准，忧心忡忡。

3月29日，朱可夫应召带着白俄罗斯第1方面军的柏林战役计划来到了最高统帅部。斯大林告诉朱可夫，希特勒不想阻止盟军前进，却想与苏军血战到底。他问朱可夫，对苏军在柏林方向上的敌军兵力做何估计。朱可夫回答说，根据情报，德军在柏林方向上共有4个集团军，其编制不少于90个师（其中包括14个坦克师和摩托化师）、37个独立团和98个独立营。

斯大林又问，苏军什么时候能够开始进攻？

朱可夫答道："白俄罗斯第1方面军不迟于两周之后就可开始进攻。乌克兰第1方面军大致到那时也能做好准备。白俄罗斯第2方面军，从各方面的情况来看，将拖到4月中旬才能彻底肃清但泽和格丁尼亚地域的敌人，因而不可能同白俄罗斯第1方面军和乌克兰第1方面军同时从奥得河展开进攻。"

斯大林表示，时间紧迫，只好不等待白俄罗斯第2方面军。

3月31日，科涅夫也应召带着乌克兰第1方面军的战役计划来到最高统帅部。在4月1日举行的最高统帅部会议上，科涅夫表现得十分主动。当斯大林问与会者"现在谁将要攻克柏林，是我们还是盟国"时，科涅夫抢先答道，苏军一定能攻克柏林。他同时表示，希望他的部队能参与攻克柏林的战役。对科涅夫的这一愿望，斯大林以如下方式给予了支持：一是他划掉了从尼斯河到波茨坦的乌克兰第1方面军和白俄罗斯第1方面军的分界线，另划了一条只到吕本（在柏林东南60公里）的分界线，从而为科涅夫的部队向北机动，进攻柏林，提供了便利条件；二是他对科涅夫明确交代道："倘若敌人在柏林的东接近地上进行顽强的抵抗，以致白俄罗斯第1方面军的进攻受阻，乌克兰第1方面军应准备以各坦克集团军从南面突击柏林。"可见，斯大林这样做的目的，并不是为了让两个方面军争着谁先攻入柏林，他还是把攻取柏林的任务交给了朱可夫的部队，他只是让科涅夫的部队也有进攻柏林的条件和机会，而不至于在这件事上在一棵树上吊死——正如他说的那样，倘若朱可夫的部队在柏林的东面受阻，就由科涅夫的部队从南面攻克柏林。

正因为如此，斯大林4月1日给白俄罗斯第1方面军的训令中规定的任务是，准备和实施攻克柏林的战役，并规定该方面军以4个诸兵种合成集团军和2个坦克集团军的兵力，从屈斯特林登陆场实施主要突击，在突破敌人防御后才将坦克集团军投入交战，从东北突击柏林和从北面迂回柏林；而4月2日给乌克兰第1方面军的训令中规定的任务是，从尼斯河发起突击，消灭柏林以南的德军集团，把敌中央集团军群的主力与敌柏林集团隔绝开来，从南面保障白俄罗斯第1方面军向柏林的进攻。训令规定，这两个方面军发起进攻的时间是4月16日，而白俄罗斯第2方面军发起进攻的时间则为4月20日。

4月2日，朱可夫从最高统帅部回到白俄罗斯第1方面军。此前，方面军侦察航空兵曾6次拍摄了柏林、柏林所有的接近地和防御地带，并根据拍摄的照片、缴获的文件和俘虏的口供制作了详细的图表、计划和地图。工程兵部队还制作了一个柏林市及其郊区的精确模型。朱可夫回到部队后，从4月5日到7日，召开了战役准备会议，并利用这些地图和模型进行了由方面军、集团军首长和方面军各兵种首长参加的军事演习。从4月8日至14日，在各集团军、军、师及各兵种部队中则进行了更加细致的军事演习和作业。

如上所述，按照最高统帅部的训令，近卫坦克第1和2集团军投入交战后，应从东北突击柏林和从北面迂回柏林。但在战役推演过程中，朱可夫等人却产生了很大顾虑，担心在方面军主要方向上的近卫第8集团军的进攻地带上，特别是在距德军防御前沿12公里的有坚固筑垒的泽劳弗高地地域，能否顺利突破敌人的防御。为了防止意外情况的出现，朱可夫决定改变最高统帅部训令中的部署，将卡图科夫的近卫坦克第1集团军配置在崔可夫的近卫第8集团军后面的出发位置上，以便必要时它能在近卫第8集团军的地带上立即投入战斗。之后，朱可夫将他的这一决定报告了斯大林，斯大林爽快地答道："你认为需要怎么做，你就怎么做，你在当地看得更清楚些。"

朱可夫虽然知道德国人清楚地了解苏军将对柏林实施突击，但他仍想把这次突击组织得令敌人感到最为突然。为此目的，也为了能迅速压制住敌人，他决定短时间内在作战地域隐蔽集中大量的技术兵器和器材，然后出敌不意地用重兵对其发起猛烈攻击。为此，运输各兵种部队的列车一律采用了民用列车，运载各种技术兵器和器材的平板车都用木材和干草做了伪装，且这些运输均在夜晚进行。在登陆场进行的作业也同样如此：白天登陆场上往往荒无人迹，但一到晚上和夜间就活跃起来。成千上万的人在用铁铲、镢头、十字镐构筑工事，而一到清晨却看不到夜间作业的丝毫痕迹。

在以往的战役中，苏军照例是从清晨开始实施突破前的炮火准备，因为步兵和坦克需要在白昼实施冲击，敌人对此也已习以为常。为了出敌不意，同时为了更好地震慑敌人，使其恐慌混乱，仓促应战，朱可夫在筹划这次战役时决定，黎明前两小时开始突击，并用140部对空探照灯突然照射敌人的阵地和苏军冲击的目标。

4月16日晨5时，白俄罗斯第1方面军开始了炮火准备，数千门火炮、迫击炮和"喀秋莎"火箭炮齐射德军阵地，在30分钟猛烈的炮火射击中，敌人竟然未能发射一发炮弹。朱可夫于是断定，敌人已受到充分压制，其防御配系已被打乱，随之下令缩短炮火准备时间，立即发起总攻。

此令一出，空中顷刻升起了数千枚五彩纷飞的信号弹，紧接着间距为200米的140部探照灯齐放光明，炫目的电光照亮了苏军的冲击目标，同时也把敌军照射得心惊肉跳，头晕目眩。

起初，苏军的突击十分顺利，到黎明时分已攻克了敌第一阵地，但随着向前的继续推进，困难开始增加，而当抵近敌军重兵驻守的泽劳弗高地时就遇到了特别大的麻烦。朱可夫写道：这一天然防线高居四周地势之上，且坡面陡峭，在各方面都成为向柏林进攻途中的严重障碍。它犹如一面厚墙挡在我军面前，掩护着它后面的一片高原，而在这片高原上应当展开柏林接近地上的交战。正是在这儿，在泽劳弗高地的脚下，德国人企图阻止我军的推进。他们在这里集中了最大量的兵力和兵器。泽劳弗高地不单限制了我坦克的行动，对我炮兵也是重大的障碍。它遮盖着敌人防御纵深，使得从我方地面上无法对敌纵深进行观察。我炮兵只好加强火力来克服这些困难，而且往往只好实施面积射。

敌人对这一高地既进行了苦心经营，也寄予了极大的期望，将其称为"柏林之锁"和"无法攻克的堡垒"。

16日15时，朱可夫通过电话报告斯大林，他的部队已突破敌人第1和2防御阵地，向前推进了6公里，但在泽劳弗高地一线遇到了敌人顽强抵抗，敌人在该处的防御基本上还是完整的。为了加强各诸兵种合成集团军的突击力，他已改变了原来的战术和战斗队形，把两个坦克集团军提前投入了交战。他估计到明天日终时将能突破敌人的防御。

斯大林听后显得很气恼，责怪道："你没有按最高统帅部的要求去做，而让近卫坦克第1集团军在近卫第8集团军的地段上投入交战，结果毫无益处。"随后又问:"你们有把握在明天攻克泽劳弗防线吗?"

朱可夫努力控制着自己的情绪回答说:"明天,4月17日终前,一定能突破泽劳弗高地的防御。我认为,敌人为抵抗我军在这里投入的部队越多,我们攻克柏林就会更快,因为在开阔地比在城市里更容易消灭敌军。"

"我们打算命令科涅夫让雷巴尔科和列柳申科的两个坦克集团军从南面突击柏林。而对罗科索夫斯基,则打算命令他加速渡河,也从北面对柏林实施迂回突击。"

朱可夫答道:"科涅夫的两个坦克集团军完全能够迅速地推进,应该让他们突击柏林。至于罗科索夫斯基,他不可能在4月23日以前展开进攻,因为他在强渡奥得河时还会耽搁。"

斯大林只冷淡地说声"再见",就放下了话筒。

随后最高统帅部给乌克兰第1方面军和白俄罗斯第2方面军下达指令:科涅夫用近卫坦克第3集团军经措森从南面进攻柏林,并让近卫坦克第4集团军前出到波茨坦;罗科索夫斯基加速强渡奥得河,并以部分兵力从北面向柏林迂回进攻。

4月17日,苏德双方攻守泽劳弗高地的战斗进行得异常残酷,直到傍晚苏军各坦克集团军在各诸兵种合成集团军的协同下,才在一些地段突破了泽劳弗高地的防御,4月18日晨,该高地终被苏军攻占。

朱可夫的部队在4月18日晨攻克泽劳弗高地后,其向前的推进仍很艰难,因为敌人又投入了全部预备队,甚至还抽调来了柏林的城防部队。但到4月19日苏军还是突破了当面的防御之敌,开始向柏林挺进。4月20日下午三四点钟,第3突击集团军步兵第9军的远程炮兵开始向柏林炮击。4月21日,第3突击集团军、近卫坦克第2集团军、第47集团军和第5突击集团军的部队，进至柏林城下，第二天部分部队已攻入城内。朱可夫意识到，柏林市内街道狭窄，容易设置障碍物，那种能充分发挥坦克部队威力的大面积推进的打法已不再适用，因此决定把坦克集团军和诸兵种合成集团军协同起来，开展一场肃清守敌的战斗。

科涅夫方面军的两个坦克集团军于4月17日晨转向柏林方向后，很快渡过了施普雷河，并从4月19日晨开始向措森和卢肯瓦尔德推进。然而当近卫坦克第3集团军接近措森地域时，由于地形的限制和敌军的顽强抵抗，其推进速度减缓下来。科涅夫急得搓手跺脚，电令该集团军司令员雷巴尔科沿数条路线加速前进。4月20日该集团军攻克措森，然后继续推进，4月21日已接近了柏林防御圈。

4月23—24日，白俄罗斯第1方面军部队歼灭了通往柏林市中心的接近地上的德军，乌克兰第1方面军近卫坦克第3集团军的部队在柏林的南部展开了战斗。4月25日，两个方面军的部队实现了会师，从而把数达40余万人的柏林敌军集团分割成了两个孤立的集群，即柏林集群和法兰克福—古本集群。

这时斯大林给朱可夫和科涅夫发去了第11074号命令，命令说，根据4月23日的情况，两个方面军攻占柏林的分界线划定如下："从吕本起，到托伊皮茨、米滕瓦尔德、马里恩多尔夫、安哈尔特车站。"这条分界线无疑令科涅夫感到委屈和沮丧，因为虽然两个方面军一同参加攻克柏林的战役，但德国国会大厦却在朱可夫的战区内，而这座大厦一直被苏联军民视作德国的象征，斯大林也曾鼓励苏军部队说："看谁能在国会大厦上升起胜利的旗帜。"每一支部队及其首长自然都渴望赢得这一殊荣。

为了尽快攻克柏林，朱可夫做了进一步的精细策划。他根据过去在市内战斗的经验建立了突击群,并要求突击群向市内敌人防御薄弱的地区突击,迂回敌人的主要抵抗地点,快速缩小对敌人的包围圈;要求各集团军的战斗队形都成纵深梯次配置,昼间由第1梯队进攻,夜间由第2梯队进攻,用这种昼夜不停的进攻方式迫使敌人无法在新的支撑点组织防御;要求各部队将毁灭性火力对准城内的主要目标,同时广泛开展巷战,以便把敌人的守备队分割在各个单独的基点,使其不能将兵力集中起来形成拳头。他还给各集团军预先确定了强击地带,给各部队和分队规定了具体的地域、街道和广场。

经过连续几天的激战,4月30日第3突击集团军攻占了德国国会大厦,苏联的红旗终于升上了国会大厦主楼的圆顶。但这时包括帝国办公厅在内的政府机关所在的街区仍在德国人手中,而希特勒的大本营就在帝国办公厅的院内。

一辆苏联坦克停在被炮火轰击得千疮百孔的帝国大厦前面

为了鼓励全军将士争立战功，一鼓作气拿下柏林，朱可夫和方面军的另外两位首长于4月30日当天发布了方面军军事委员会第06号命令，"命令"在表彰了第3突击集团军及其所属有关部队的勇敢精神后，又特别写道：由于步兵第171师和150师的全体战士、军士、军官和将军以及直接指挥战斗的步兵第79军军长佩列维奥尔特金少将表现了巧妙、胜利地完成了战斗任务，特对他们宣布嘉奖。由第3军事委员会将在夺取国会大厦的战斗中表现最突出的战士和将军的名单报请政府奖励。

面临覆灭命运的希特勒这时候竟开始上演起了滑稽剧，而他的左膀右臂则试图将他摆脱而另谋生路。在朱可夫的部队开始炮击柏林的4月20日，恰好是希特勒56岁的生日，他和他的情妇爱娃·布劳恩为此在地下室里举行了盛大的庆祝会，纳粹的主要头目齐聚一堂，竞相向他们的元首表示祝福。但庆祝会后戈林、希姆莱、里宾特洛甫等人却都为保性命，驱车外逃。4月23日，逃到德国南部地区的戈林给希特勒发来电报，希望以元首继承人的身份取得政权，以便以国家新元首的身份与美英谈判，结束在西线的战争，全力以赴地同苏军作战。希特勒看此电报后勃然大怒，下令把戈林开除出纳粹党，撤销一切职务和军衔，并将其逮捕。同一天夜间，逃到德国北部地区的希姆莱在会见瑞典调停人伯纳多特时宣称，他准备罢黜希特勒，自己掌握政权，同西方国家缔结和约。希特勒在4月28日得此消息后，同样气得七窍生烟，气急败坏地撤销了希姆莱的党籍。

4月30日，在朱可夫的部队即将攻下国会大厦的时刻，希特勒在帝国办公厅的地下防空掩蔽部里同爱娃·布劳恩举行了秘密结婚仪式。午宴之后，他与在场的人一一握手告别，然后悲戚地回到了自己的寝室。下午3时30分，他开枪自毙,他的新娘则服毒自尽。两具尸首随后被置于弹坑之中,浇上汽油焚化。

希特勒临死前留下的"政治遗嘱",要求把最高权力交给海军上将邓尼茨,任命戈培尔为总理,鲍尔曼为党务部长。4月30日夜间,戈培尔委派新上任的陆军参谋长克列勃斯将军前去与苏军谈判,因为这位将军是一个富有经验的军事外交家,并且曾在莫斯科当过助理武官,会讲一口流利的俄语,与许多苏军将领也有来往。

5月1日3时50分,克列勃斯来到了离德国总理府最近的崔可夫的苏军近卫第8集团军司令部。他告诉崔可夫,希特勒已自杀身亡,他受新任领导人全权委托同苏军最高统帅部直接接触,以谈判停战问题。

崔可夫立即将这一情况报告给了朱可夫。朱可夫决定委派自己的副手索科洛夫斯基前往崔可夫的司令部与德国代表谈判,同时向斯大林做了汇报。斯大林在听到希特勒的死讯后,情不自禁地叫道:"完蛋啦,这个混蛋!可惜没能活着把他抓到。"他让朱可夫告诉索科洛夫斯基,"除无条件投降外,不要同克列勃斯或其他希特勒分子进行任何谈判。"

索科洛夫斯基与对方谈了不到一个小时,就打电话报告朱可夫:"他们要滑头。克列勃斯宣称他未被授权决定无条件投降的问题。据他说,只有以邓尼茨为首的德国新政府,才能决定这个问题。克列勃斯要求停战,只是为了让邓尼茨政府的成员集中到柏林来。"

朱可夫指示索科洛夫斯基正告克列勃斯:"如果戈培尔和鲍尔曼到10点钟还不同意无条件投降,我们就要实施最猛烈的突击。"

在规定时间内,苏方未能得到德方的答复,苏军随即对柏林市中心的特别防御区的残余地点展开了猛烈攻击。18时,德方告知苏方:拒绝无条件投降。被激怒的苏军的攻击于是更加猛烈。

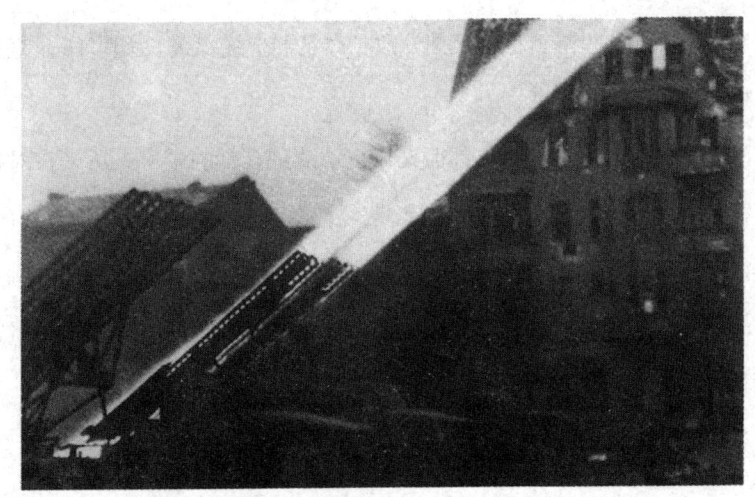

苏军的火箭发射器向柏林市区猛烈开火

5月1日,敌法兰克福—古本集群被歼灭。这天,在莫斯科红场举行了自1941年以来的首次"五·一节"阅兵式,斯大林在他的"五·一节"演说中宣称,柏林最后一战,总共击毙德军100余万,俘虏德军80余万。红军部队缴获或摧毁敌6000架飞机、12000辆坦克和自行火炮、23000门野战炮以及不计其数的武器装备。

5月1日晚,苏军进行了争夺帝国办公厅的最后战斗。在这次战斗中,被编在一个强击组编制内的巾帼英雄尼库莉娜少校的表现尤为勇敢。她冒着生命危险,穿过被炸开的房顶破口向上攀登,从上衣内取出红旗,用电话线将其固定在楼顶的金属尖上。苏联的旗帜随之在帝国办公厅大楼顶端迎风飘扬。

5月2日早晨6时,柏林城防司令维德林在另外两名将军的陪同下,越过战线向苏军投降。下午2时,投降就俘的德国宣传部副部长弗里切用苏军的无线电广播号召柏林德军守备队停止一切抵抗。下午3时,共计13.4万人的柏林残余守备部队投降就俘。至此,敌柏林集群全被歼灭,历时16个昼夜的攻克柏林的战役胜利结束。

曾指挥苏军保住了苏联首都而又攻克了敌国首都的朱可夫后来在对柏林战役和莫斯科战役进行比较时,自豪地写道:"莫斯科会战时,敌人有很大兵力优势。而在柏林的接近地上,敌防御比莫斯科城下我军的防御要坚固。然而,苏军还是粉碎了敌柏林郊区的防御,并在极短时间内攻占了柏林,而1941年德军在莫斯科城下遇到了苏军的顽强抵抗,并被击退了很远。"

受降仪式

尽管西方盟国与苏联一同参加了对德战争，但正如从我们前面的叙述中看到的那样，德国始终将苏联作为头号敌人，且一直试图挑起苏联与盟国间的纷争，以便从中渔利。5月6日，邓尼茨委派新任海军总司令弗雷德堡和约德尔将军到盟军总司令艾森豪威尔司令部，就投降事宜进行谈判。当天晚上，苏联军事代表团团长伊万·苏斯洛帕罗夫将军被召请到艾森豪威尔司令部。艾森豪威尔告诉这位苏联将军，他要求德国代表在包括苏联在内的所有盟国面前无条件投降，并定于5月7日2时30分在兰斯签署投降书。苏斯洛帕罗夫听罢，毫不迟疑地向莫斯科发出了请示电报。但在签署投降书之前，莫斯科的回电尚未到达，于是苏斯洛帕罗夫忐忑不安地以证人身份在德国的无条件投降书上签了字。只是在这之后他才收到了莫斯科的答复：什么文件都不要签署。

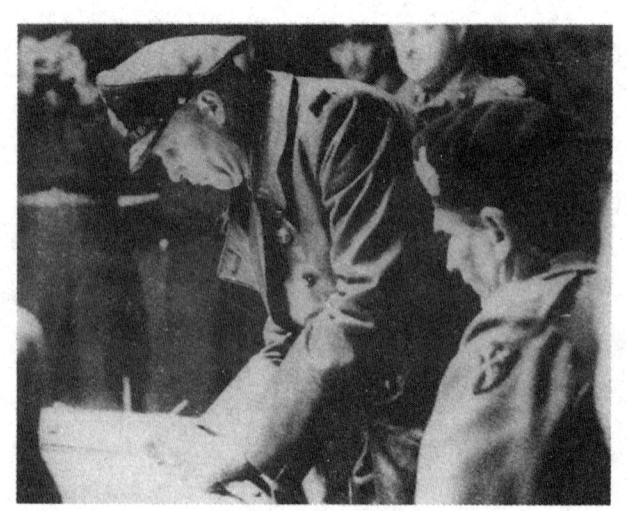

1945年5月7日，德国陆军总参谋长约德尔将军（中）代表邓尼茨在法国兰斯的盟军司令部签署无条件投降书

在兰斯签订投降书的消息传到莫斯科后，斯大林甚为恼怒。5月7日，他为此召开了有总参谋部代表参加的政治局会议。

安东诺夫随即给艾森豪威尔发去了一封如下内容的电报：苏联人认为，苏斯洛帕罗夫将军不是苏联方面出席兰斯仪式的合适代表。他们要求签署一项更正式的投降书，仪式将在柏林举行，朱可夫元帅将代表苏联政府出席仪式。

为了不在受降问题上与苏联产生摩擦，艾森豪威尔立即复电安东诺夫，说他一直恪守关于不单独停战的协定，他愿在第二天，即5月8日，在朱可夫元帅指定的时间前往柏林。

在得到这样的答复后，斯大林给朱可夫打去了电话，他先对在兰斯受降一事做了评论，接着说："我们已与各同盟国商定，把在兰斯签署投降书一事只当作投降仪式的预演。明天德国最高统帅部的代表和盟军最高统帅部的代表要来柏林。苏军最高统帅部的代表由你担任。维辛斯基明天就会到达你那里。在投降书签署后，他将留在柏林，充任你的政治助理。"

5月8日清晨，维辛斯基带着处理德国投降所必需的全部文件飞抵柏林。当天中午，盟军最高统帅部的代表也到达了预定地点。但艾森豪威尔并未前来，他派他的副手英国空军上将亚瑟·泰德来替他签字。与泰德一同到达的还有美国战略空军司令卡尔·斯巴兹和法军总司令德·塔西。对于艾森豪威尔的缺席，苏方人员心里虽不爽快，但表面上却也没有怎么表现出来。

在下午举行的会议上，塔西厄拿出一封信，以示戴高乐授权他代表法国统帅部在投降书上签字。对此泰德反应强烈，因为艾森豪威尔已授权他代表所有西方盟国签署，如果法国签字，那么所有其他西方盟国也都应该作为单独的实体参加。这个问题喋喋不休地争论了好几个小时，最后才以下述方式得到了解决：由朱可夫和泰德作为主要签署人，而塔西厄和斯巴兹则以证人身份签署。

受降仪式被安排在柏林郊区卡尔斯霍尔斯特一所工程学院的会议室里举行，会议室里靠墙摆放着一条长桌，墙上悬挂着苏、美、英、法四国的国旗。朱可夫在桌前居中而坐，其他代表则列居两旁。对于这种安排，泰德仿佛心有不甘，因为他觉得他也应该分享中间的位置。但他没有提出异议，因为他考虑到，眼下柏林在苏联人手中，朱可夫似乎应该作为东道国的代表，并且担任主席。

5月8日24时整，朱可夫庄严宣布："我们，苏军最高统帅部和盟军最高统帅部的代表，受反希特勒同盟各国政府的委托，来接受德国统帅部代表做无条件投降。请德军最高统帅部代表进入大厅。"

头一个迈进门槛的是德军最高统帅部参谋长凯特尔元帅,他步履缓慢沉重,尽力保持着镇静。紧随其后的是个头低矮、一副凶狠而又无奈表情的什图姆普弗上将,在他后面是未老先衰的弗雷德堡海军上将,他们被安置在专门为其准备的一张单独的桌子旁。

朱可夫先问凯特尔等人,是否研究过无条件投降书并有权签署它。当得到肯定的回答后,他又站起身来,让他们到主席团桌旁签署投降书。这时凯特尔用手在桌子上比画了几下,好像是要求把投降书送到他的面前。朱可夫则继续站在那儿,一面毫不客气地打着手势,要德国代表过来,一面厉声喊道:"让他们到这儿签!"

凯特尔先用凶狠的目光扫视了一下朱可夫,接着便极不情愿地走过来在投降书上签了字。在他之后,德国的其他两名代表也都过来署上了名字。最后朱可夫和泰德以盟国代表的身份、斯巴兹和塔西厄以证人的身份签了字。

德国海军总司令冯·弗雷德堡(中)代表德国海军签署投降书

5月9日零时43分，签字仪式宣告结束。德国代表按朱可夫的要求退出了大厅，出门之前，他们向朱可夫等人鞠躬敬礼。

德国代表退出之后，朱可夫以苏联最高统帅部的名义，为这一长久期待的胜利，向所有在场的人表示衷心的祝贺。大厅里立刻响起了高亢而持久的欢呼声。大家相互握手拥抱，许多人情不自禁地涌出了欢乐的泪水。白俄罗斯第1集团军的将官们把他们所敬佩的朱可夫首长紧紧地围了起来。

庆祝胜利

就在柏林的秩序逐渐恢复正常之时，苏联人民仍然沉浸在胜利带来的巨大喜悦之中。5月中旬，朱可夫被召回了莫斯科。讨论完了对日作战的问题之后，斯大林突然问："为了庆祝战胜法西斯德国，我们是否应该在莫斯科举行一次胜利阅兵式，并邀请立功最多的英雄——包括士兵、军士、准尉、军官和将军们前来参加呢？"

大家对斯大林的这一建议纷纷表示赞同。阅兵式的一切准备工作就绪之后，斯大林把朱可夫叫到他的别墅里，没头没脑地问："你骑马的技术有没有生疏？"

朱可夫信心十足地回答说："没有，当然没有！"

斯大林满意地点了点头，接着说："是这样，我想让你担任胜利阅兵式的阅兵首长，罗科索夫斯基担任阅兵总指挥。你看如何？"

朱可夫当然高兴了，能当上阅兵式的阅兵首长是何等荣耀啊！但是斯大林为什么不自己担任这一职务呢？想到这里，朱可夫说："谢谢给我这样的荣誉。但由您来阅兵不是更好吗？您是最高统帅，就权利和义务来说，都应由您来担任阅兵首长。"

斯大林摇摇头说："我当阅兵首长已经太老了。还是你来吧，你年轻一些。"

不久，苏联各报刊载了苏军最高统帅的命令："为了庆祝在伟大的卫国战争中所取得的对德作战胜利，定于1945年6月24日在莫斯科红场举行作战部队和莫斯科卫戍部队的阅兵式，即胜利阅兵式。阅兵首长由最高副统帅、苏联元帅朱可夫担任，阅兵总指挥是苏联元帅罗科索夫斯基。"很快，举行阅兵式的日子就到了。朱可夫显得有些兴奋，他起得早一些。但那天的天气不是很好，窗外下起了毛毛细雨。朱可夫皱了皱眉头，喃喃自语道：

"看来，阅兵式将不会像大家希望的那么隆重了。"

实际情况并不像朱可夫想象的那样。那天的天气虽然不好，但成千上万的莫斯科人依然兴致勃勃地涌向红场。在蒙蒙细雨中，他们举着标语，唱着歌曲，一副兴高采烈的样子。朱可夫知道，他们没有一个不是在为期盼已久的胜利而高兴。

上午9时57分，朱可夫骑上了一匹强壮的战马，缓缓走向红场。他的心情既激动又紧张。在庄严的军乐声中，传来了总指挥罗科索夫斯基向部队发出的口令声："受阅部队，立正！"

朱可夫骑在马上，向受阅部队行了注目礼。罗科索夫斯基也十分激动，他向朱可夫汇报了受阅部队的情况。红场上空飘扬着各部队的军旗，英勇的苏军战士正是在这些军旗的鼓舞之下同法西斯德国作战的。经过了战争的洗礼，士兵们的脸上流露出无比的坚毅之情。他们穿着崭新的军装，胸前别着闪闪发光的战斗勋章和奖章，行着漂亮的军礼。雨水落在军人们的头上，又从帽檐上淌下来。但是谁也没有注意到这些,大家的情绪都十分高昂。所有这一切构成了一幅动人心弦的、令人永远难忘的景象。

当英雄的团队从列宁陵墓前通过时,大家更是兴奋。走在各团队前头的,是在同德军作战中间有名的将军、兵种元帅和苏联元帅们。两百名老战士在鼓声的敲击下,把在战场上缴获的德军军旗投到了列宁陵墓的台阶下。阅兵式在此时达到了高潮,人群中的"乌拉"之声久久不曾平息。战后的这段时间,朱可夫作为胜利的象征被苏联人民和世界各国戴上了各种荣誉的光环,异常风光。这是他人生中最辉煌的时刻。

朱可夫回到柏林后也向盟军建议,让驻守在柏林的苏军和盟军搞一次联合阅兵式。艾森豪威尔对此也十分感兴趣,他很快就同意了朱可夫的建议。他们准备于9月份在国会大厦和勃兰登堡大门附近举行联合阅兵式,因为苏军攻克柏林的最后战斗就是在这里进行的。

经过讨论,阅兵首长由苏军、美军、英军和法军的总司令共同担任。但是在阅兵的前一天,盟军各国的总司令突然给朱可夫发电报,告知由于一系列的原因,他们不能来柏林阅兵,而已委托他们的将领出席。

朱可夫把这件事情打电话报告了斯大林。斯大林说:"他们想贬低反希特勒同盟各国军队的阅兵的政治意义。你等着瞧吧,他们还会耍新花招的。各盟国军队总司令拒绝出席,也没有关系,你就担任阅兵首长好了,何况我们在这方面比他们有更多的权力。"

柏林的阅兵式虽然也有声有色,但由于艾森豪威尔等人的缺席,还是让朱可夫感到些许不快。实际上,苏联是社会主义国家,而英、美、法则是资本主义国家。两个阵营之间的意识形态和文化完全不同,一直在互相提防着。

德国境内苏军占领区的一切行政权力，由军事当局通过各城市和地区的卫戍司令员行使之。

每个城市均任命卫戍司令员。民政权力机构由当地居民组成：城市设市长，较小的市镇以及村庄则设镇长和村长；市长、镇长和村长在督促居民执行一切命令和号令方面对军事当局负责。

根据这一命令，柏林苏军卫戍司令员别将发布了第1号令，宣布将柏林的全部权力掌握在苏军卫戍司令部手中，解散德国法西斯政党及其一切组织。并规定了居民行为准则和柏林生活正常化的基本原则。随后在柏林的各个区都建立了苏军卫戍处。

经过战争的摧残破坏，昔日豪华美丽的柏林市已变得千疮百孔，到处都是一幅萧疏凄凉的景象。全市25万幢建筑物中，约有3万幢被彻底摧毁，200幢处于半摧毁状态，15万幢受到了中等程度的破坏；市内交通完全瘫痪，粮食供应早已停止；城市公用事业机构（发电站、供水厂、煤气厂、下水道）全部停止了工作；未被掩埋的尸体随处可见，未经扫除的地雷星罗棋布于各个地段。

在以朱可夫为首的各级苏军军官的领导和组织下，柏林的恢复和重建工作进展很快。5月13日，柏林无线电广播电台开始播音，两天后开始用德文发行苏联占领军的报纸《每日评论》，该报的任务是：向德国人民解释苏联党和政府的对外对内政策，介绍关于苏联的真实情况和苏军的国际主义使命，说明在柏林的恢复和重建方面采取的措施，揭露法西斯主义的实质，号召德国人积极投身到恢复柏林正常生活的行动中去。5月19日，由德国反法西斯活动知名人士组成的柏林市政局成立，其机关报《柏林日报》随之出版发行，同时各区的民政机构也陆续建立起来。5月25日，开始组建柏林市警察局、

国家利益与私人友谊

第二次世界大战欧洲战场平息之后，美、英、法三国集团与苏联裂隙越来越大。为了对抗苏联，美、英、法等国有意保留德国的军队，的部分军队还驻扎在本应属于苏联的占领区内，如美军驻守的图林根驻守的维滕贝格本来都应该是苏联的占领区。在斯大林的提议下，英、法成立了一个有4国代表参加的对德管制委员会。朱可夫担任了员会中苏联的最高长官。其他3个国家的代表分别是美国的艾森豪威上将、英国的蒙哥马利元帅、法国的塔西厄将军。

攻克柏林后，朱可夫开始履行驻德苏军总司令兼苏联驻德最高军长官的职责，其主要任务已变为组织对苏军占领区尤其是柏林的管理障居民的生活需要，建立秩序，恢复生产和实现政治生活民主化：

还在1945年4月23日，白俄罗斯第1方面军军事委员会就发建立军事和民政机构及其活动的命令，规定：

法院和检察院机关。

到 5 月底，柏林范围内的各主要火车站和水运码头已部分恢复使用，从而保证了城市燃料和粮食的正常供应；在企业和居民煤气和水的供应方面，差不多已得到充分保证。6 月中旬，柏林有 120 家电影院开始营业，并放映苏联的故事片和纪录片。6 月底，全市复课的学校达到了 580 所，就学孩子为 233000 名，此外还有 88 所幼儿园开始招收学龄前儿童。

在此期间，朱可夫发布了苏联军事行政长官第 2 号命令，规定各反法西斯政党在苏战区均可自由活动；劳动人民可以自由地组织工会和其他团体，以捍卫自己的利益不受侵犯。同时，朱可夫反复告诫自己的部队，一定要弄明白谁是制造战争灾难的真正罪魁，绝不允许因为法西斯军队在苏联国土上制造的暴行，而去报复和惩罚德国的劳动人民；苏联军人对普通德国居民应该持有的正确立场是：帮助他们认清自己的错误，迅速根除法西斯主义残余，积极加入将以和平和民主作为最高标志的爱好自由的各国人民大家庭中来。

对于苏联占领军的表现，德国社会民主党领导人奥托·格罗提渥给予了充分肯定，他写道："在历史上何曾见过这样一支占领军？它在战争结束五周之后，就能让被占领国的居民建立政党、出版报纸，并能给予他们集会和言论的自由？"

1945 年 5 月下旬的一天，斯大林召见了朱可夫，告诉他："同盟国军事代表团通知说，6 月份艾森豪威尔、蒙哥马利和塔西厄将到柏林来签署苏、美、英、法四国关于在占领德国期间接管德国最高权力的宣言。"一面把宣言的文本递给了他。

待朱可夫把宣言读完，斯大林又对他道："这样一来，就必须设立一个有四国代表参加的对德管制委员会。我们决定委任你担任实行对德管制的苏方最高长官的职务。除了苏军总司令部以外，还需要设立苏联军事行政机构。你也需要一位军事行政方面的助手。你愿意由谁来担任你的副手呢？"

朱可夫推荐了索科洛夫斯基，斯大林表示同意。

斯大林还告诉朱可夫，在对德管制委员会内，美、英、法的代表分别是艾森豪威尔、蒙哥马利和塔西厄，"管制委员会的一切决议，只有在一致同意的条件下才算有效。大概在一系列问题上，你都会处于以一对三的局面"。"管制委员会最主要的目标，应该是使德国人民迅速建立起和平生活，彻底消灭法西斯主义，并组织地方政权机构。地方政权机构的成员应从仇恨法西斯主义的劳动人民中挑选"。"法西斯匪徒把我国破坏并抢劫一空。因此，你和你的助手们应努力争取，尽快实现与盟国达成的拆除一部分德国军事工业企业作为赔偿的条约"。从斯大林的这些交代中，朱可夫感受到了肩头的沉重的压力。

返回柏林的第二天，艾森豪威尔便和美国战略空军司令斯巴兹等随员前来拜访。对于朱可夫的大名，艾森豪威尔可谓仰慕已久，也一直在想象着这位叱咤苏德战场的战将的风采。所以见到朱可夫后，艾森豪威尔久久地握着他的双手，仔细地端详着他的面容，情不自禁地叹道："啊，你原来是这样的！"

两人在饶有兴味地谈了一番战争往事后，艾森豪威尔转入正题道："我们应当就组织管制委员会和保证美、英、法三国人员经过苏战区进入柏林的地面通道有关的一系列问题达成协议。"

"看来，需要商谈的不仅是关于地面通道的问题，"朱可夫带有警惕性地、机敏地回答说，"还必须确定美国和英国的飞机经过苏战区飞往柏林的问题。"

这时斯巴兹像是漫不经心地随口说道："美国飞机过去和现在飞行都不受任何限制。"

朱可夫则强硬地表示："你们的飞机要经过苏战区飞行，不受限制是不可能的。你们将只能在规定的空中走廊内飞行。"

艾森豪威尔一面制止了斯巴兹，一面对朱可夫道："这次来，只是为了亲自认识一下。至于工作上的问题，等我们把管制委员会组织起来以后再解决。"

朱可夫先是友好地回答："像我和你这样的老兵，定会找到共同语言且能和谐相处。"接着又明确提出，尽快让美军撤出图林根，因为根据同盟国政府首脑在克里木会议上达成的协议，图林根只应由苏军占领。

艾森豪威尔对此表示接受。

朱可夫感到，在这次会晤中艾森豪威尔表现得比较通情达理，因而也对他留下了不错的印象。

6月5日，艾森豪威尔为签署四国接管德国最高权力宣言，又和蒙哥马利、塔西厄一起来到了柏林。签字仪式开始之前，艾森豪威尔特意来到朱可夫的司令部，把美国最高军事勋章——总司令级的荣誉勋章授予了他。

送走艾森豪威尔后，朱可夫马上将此事报告了斯大林。斯大林当即表示，苏联政府也应为西方盟国的司令官们授勋——授予艾森豪威尔和蒙哥马利"胜利"勋章，授予塔西厄"一级苏沃洛夫"勋章。

当天下午，四国代表举行了宣言签字仪式。除宣言外，他们还签署了关于德国管制机构的协议，协议规定，在处理涉及整个德国的问题时，四个占领国必须协商一致，倘若不能取得一致，则每国在自己的占领区内拥有最高权力。这样该协议也就为德国后来的分裂埋下了伏笔。

随后，蒙哥马利友好地提议大家一起合影留念，而朱可夫则向他们宣布了将向他们授勋一事。

6月10日，朱可夫根据与艾森豪威尔和蒙哥马利商定的地点，来到位于法兰克福的美军司令部,为他们授予了"胜利"勋章。

蒙哥马利(左)、艾森豪威尔(中)和朱可夫(右)在德国法兰克福召开的盟军庆祝胜利大会上

在授勋仪式结束后举行的午宴上,朱可夫首先为艾森豪威尔祝酒。他说:"我要向艾森豪威尔五星上将敬一杯酒,由于他的卓越才能,盟军取得了辉煌的胜利。""我们苏联军官和将军们密切注视并研究了艾森豪威尔将军指挥的所有战役。我个人和我所指挥的部队,对艾森豪威尔将军怀着深深的敬意。我希望我们盟国的四位司令官在管制委员会今后的工作中能够协调一致。如果说我们在战时进行了很好的合作,我相信,在和平时期能合作得像过去一样好。我为艾森豪威尔举杯——为他的健康,为他的成功和今后工作顺利干杯。"

艾森豪威尔在向朱可夫敬酒时说朱可夫对他的赞扬使用了过誉的词句。接着他赞扬朱可夫道：

"我认为没有哪一个人对联合国的贡献能够超过朱可夫元帅的了。他今天作为我们的贵宾光临，并且热情友好地向我们盟军成员颁发了苏联勋章。可是，朱可夫元帅——一位谦虚的人，他低估了他在我们心目中所占的地位。有一天，当所有在座的人都去见老祖宗的时候，苏联肯定将设置另一种勋章，那将是朱可夫勋章，而这种勋章将为所有钦佩军人的勇敢顽强、远见卓识、坚韧不拔和意志坚定的人们所珍视。先生们，我非常荣幸地请你们为朱可夫元帅干杯！"

这一天，给艾森豪威尔留下了美好而深刻的记忆。他后来在《远征欧陆》一书中写道：

"从朱可夫和他的助手那一方面，唯一可以看得出来的便是他们持友好和合作态度的强烈愿望。回顾起来，那一天确实展现了同俄国人建立和谐的密切的关系的光明前景。但这一希望从未变成现实，而且终于在猜疑和相互指责中消失了。可是，就朱可夫元帅同我个人之间的友好关系而言，这种友谊一直在继续增长，直到1945年11月我离开欧洲。这种友谊是一件私下的和个人的事，令人遗憾的是：它并不代表总的态度。"

蒙哥马利在得到朱可夫授予的勋章后，于6月下半月拜访了朱可夫，说英国政府也已决定为苏军的几位将领授勋。在谈到授勋地点时，蒙哥马利意味深长地讲道："苏军在勃兰登堡大门进行了最后的突击，并在那里的国会大厦顶上升起了红旗。我认为正应该在这个地方授予你们大不列颠的勋章，以表彰你们指挥的苏军部队的功绩。"

朱可夫（左）与蒙哥马利（右）检阅英国皇家掷弹兵

不久，授勋仪式在国会大厦附近举行，朱可夫被授予一级"巴尼勋章"，罗科索夫斯基被授予二级"巴尼勋章"，索科洛夫斯基和马利宁被授予"功勋勋章"。

管制委员会在其工作的初期尚比较顺利，没有出现大的摩擦，这是因为当时对德战争刚刚结束，各同盟国在战争期间建立起来的合作关系尚在存续之中，而他们当时所面临的首要任务又都是使德国从战争的废墟中站立起来，恢复正常的生活和秩序。此外，美英统治集团都希望苏联尽快出兵对日作战，因而不想恶化同苏联的关系。从7月1日起，美、英军队开始分别从图林根和维滕贝格撤走，同时美、英、法三国军队分别进入柏林的各自占领区。

尽管如此，朱可夫还是不得不在许多问题上与艾森豪威尔等人讨价还价，反复周旋。譬如：

在审讯战犯问题上，朱可夫提出，苏方派出一组军官到美战区审讯战犯，因为包括戈林、里宾特洛甫和凯特尔在内的主要战犯多关在美战区。艾森豪威尔先是表示同意，后又按本国政府的指示加以阻挠。朱可夫虽为此进行了不懈的努力，但最终苏联军官也只是审讯了羁押在美战区的部分战犯。

在遣返被德军俘获的苏联战俘和抓获的苏联平民问题上，由于这些人中的相当一部分是在西方盟国占领区，朱可夫要求将他们转送至苏占区，以便从这里遣返回国。艾森豪威尔和蒙哥马利表面上表示接受，背后却指示其部属鼓动战俘营里的苏联军人和平民拒绝返回祖国，并以高工资、高待遇和西方的民主自由，引诱他们留在西方。

朱可夫得知真相后，马上向艾森豪威尔及其副手克莱将军提出了抗议，艾森豪威尔则以追求"人道主义的目的"为遁词进行狡辩。后来在朱可夫的再三坚持下，才终于同意苏联军官和被扣留在美国军营的苏联人见面。这些人在朱可夫派去的军官的劝导下，逐步认清了美国人的虚假宣传和自己的错误，并毅然决定返回祖国。

在苏联和西方盟国对柏林承担的义务问题上，朱可夫向美方代表克莱将军明确宣布："我们必须讨论一下，为了维持柏林的生存，你们将要供应粮食和煤的问题。"

这个问题盟国远征军统帅部曾做过讨论，他们认为供应柏林居民是苏联人的责任，因为他们控制着通常向柏林供应粮食的两个渠道——勃兰登堡和波美拉尼亚。另外，在苏方的强烈要求下，美军刚刚撤出了两个富庶的农业省份—图林根和萨克森。于是克莱将军辩解说："我们没有向柏林运送粮食的计划。另一方面，我们也没有粮食可运。柏林所需要的一切，应当是要么从我们刚刚移交给你们的地区运来，要么从周围的勃兰登堡和东北的波美拉尼亚地区运来，从前也一直是由这些地方供应的。"

朱可夫则断然答道："我们现实一些，先生们！你们究竟是来做什么的呢？我坦率地告诉你们，我们不打算向柏林供应粮食。因为我们的仓库几乎都空了。我们必须得到粮食，而且必须尽快。"

当克莱将军以美英控制区没有多余的粮食和煤炭且运送和组织工作存在困难为由再次进行狡辩时，朱可夫以不容置疑的口吻说："我现在关心的是，你们什么时候开始运来供应物资。我以为，对于这个安排不能含糊其辞。"在朱可夫的强硬态度面前，美英代表只好作了让步。他们在征得本国政府的指示后表示，作为临时措施，从7月15日起的一个月内，各国对自己在柏林的辖区提供小麦、土豆、食糖和盐。同时英国代表威克斯将军还答应每天向这座城市提供2400吨煤。至于一个月后的粮食和燃料供应问题，则由即将召开的苏、美、英三国首脑会议决定。

三国首脑会议拟要解决的主要问题是战后欧洲问题和日本投降问题，起初曾考虑把柏林作为会议地点，苏联外交人民委员部的一些工作人员还曾为准备会议到过柏林，但朱可夫向这些工作人员指出，柏林破坏严重，缺乏举行首脑会议应具备的条件，将会议地点选在柏林附近的波茨坦当更为合适。莫斯科接受了朱可夫的建议，美国人和英国人也表示同意。于是朱可夫安排工程兵部队，昼夜不停地对波茨坦的环境、建筑物和道路进行了整修。

到7月10日，一切均已准备就绪。

7月16日，由苏联部长会议主席斯大林、美国总统杜鲁门和英国首相丘吉尔分别率领的三国代表团都已到达波茨坦，第二天下午会议正式开始。同驻德美军和英军总司令一样，朱可夫也不是代表团的正式成员，但在会议讨论某些问题时，他也应邀出席。

丘吉尔（左）、杜鲁门（中）与斯大林（右）在波茨坦会议上

7月28日，波茨坦会议还没有结束，但丘吉尔因在大选中失败，他的首相任期却要在这一天停止，新任英国首相艾德礼遂在这天来到波茨坦，毫不客气地取代了丘吉尔英国代表团团长的职务。

离别前夕，丘吉尔在他下榻的别墅举行了招待会。苏联方面应邀出席的有斯大林、莫洛托夫、朱可夫和总参谋长安东诺夫，美国方面出席的是杜鲁门、国务卿贝尔纳斯和总参谋长马歇尔五星上将，在场的英国人有亚历山大元帅、总参谋长布鲁克元帅等。

招待会上，丘吉尔对朱可夫表现出了特别浓厚的兴趣，向他询问了一些交战的情况，问到了他对英军统帅部的评价，以及对同盟国远征军进行的各次战役的看法。

朱可夫高度评价了盟国军队通过英吉利海峡的登陆战役，这让丘吉尔感到兴奋。

"但是我要使你感到不快，丘吉尔先生。"朱可夫接着说道。

"为什么呢？"丘吉尔警觉地问。

"我认为盟军在诺曼底登陆后，犯了一系列严重的错误。如果不是德军统帅部对情况判断错误的话，盟军登陆后的进展可能大大地减慢。"

丘吉尔对此未表示不同意见，却也不愿深谈这个话题。

在招待会上，杜鲁门首先讲话，他指出了苏联在反法西斯战争中作出的卓越贡献，提议为苏联武装力量的最高统帅斯大林干第一杯酒。斯大林则提议为丘吉尔干杯，说他在英国极困难的战争年代里，肩负起了同希特勒德国作斗争的领导责任，并胜利地完成了自己肩负的重大任务。

出乎所有人意料的是，这时丘吉尔突然举杯向朱可夫祝酒。这对丘吉尔来说可能是出于真心，但也可能是别有用心，毕竟这是一个极难捉摸的人；而对朱可夫来说，他虽有资格接受这杯祝酒，但这杯祝酒对他却未必是一件好事，因为一同在场的斯大林和莫洛托夫未必希望朱可夫得到世界政要的如此重视。朱可夫当场就显得非常惊慌，以致在感谢丘吉尔对他表示的殷勤盛意时，竟把丘吉尔误称为"同志"。虽然他紧接着打了一个圆场，但莫洛托夫还是向他投去了困惑莫解的目光。

8月2日，波茨坦会议按期结束。斯大林回国前夕，同朱可夫谈起了邀请艾森豪威尔访苏一事。朱可夫认为，邀请他于8月12日苏联体育节时来莫斯科比较合适。斯大林接受了这一建议，邀请电文随之向华盛顿发出。电文说，艾森豪威尔将军访问时，将作为朱可夫元帅的客人。这表明，苏联政府是把艾森豪威尔作为有一名军事活动家而不是政治活动家来邀请的。

既然是作为朱可夫的客人，朱可夫也便只好同他一起前往莫斯科，并陪同他访问苏联的其他地方且一并返回柏林。这样的行程为两位著名将领交流各自所指挥的一些重大战役的情况提供了机会。艾森豪威尔对列宁格勒、莫斯科、斯大林格勒和柏林等各次会战都表现出了特别的兴趣，并问朱可夫，在莫斯科会战那样的紧张形势下，他作为方面军司令员感到体力上的负担有多大。朱可夫回答道："莫斯科会战对于士兵和司令员来说，负担同样沉重。在11月16日至12月6日交战特别激烈的期间，我每昼夜睡眠不超过两个小时，就连这点时间也是硬挤出来的。为了维持体力和工作能力，只有经常在寒冷的空气里做短时间的体育锻炼，喝浓咖啡，有时还滑雪20分钟。莫斯科会战的危急阶段一过去，我一下就死死地睡了过去，以致许久都没法把我唤醒。"

这样的交谈进一步加深了艾森豪威尔对朱可夫的了解和敬重，他后来这样表述了他的感受：

体育节检阅那天，艾森豪威尔应邀来到了莫斯科红场，接着又被斯大林邀请到了列宁墓的检阅台上。这是一个破例的盛意——此前还没有哪位外国人被邀请登上列宁墓。在长达5小时的站立检阅期间，斯大林不时地与客人谈话，而每次谈话都有朱可夫参加；斯大林也时常与朱可夫交谈，且交谈时显得是那样的亲密和融洽。这让艾森豪威尔觉得，朱可夫颇得斯大林的信任和器重。

因此，当斯大林提到盟国管制委员会的工作时，艾森豪威尔决定促请斯大林赋予朱可夫更多的权力，以使他不必事事请示莫斯科而能够独立作出某些决定。但他在表达这个意思时却讲得比较委婉："当然，朱可夫元帅和我相处得非常融洽。这是因为像我们这样的两个伟大强盛的国家，能够赋予他们这样的地方军事长官以足够的权威，就当地的具体问题和行政事务达成协议。比较弱小的国家也许不能这样做，因而就会出现种种困难和不愉快。可是，朱可夫元帅和我在达成协议方面存在很大的灵活性，所以我俩通常总是能够克服我们所碰到的那些小障碍。"

斯大林马上就弄清了艾森豪威尔这段话的真正含义，并表示赞同说："如果派到那个地方的代表，光是当个跑腿的，那么派代表就没有任何意义了。他必须有采取行动的权力。"

检阅结束后，艾森豪威尔和朱可夫正准备离开，这时人群突然向他们发出了热烈的欢呼。面对这一令人激动的场景，两人情不自禁地拥抱在了一起，而广场上的掌声和欢呼声也随之达到了顶点。

在朱可夫陪同艾森豪威尔访问期间，传来了日本投降的消息。第二次世界大战结束了。

两人结束在苏联的行程后，美国政府根据艾森豪威尔的建议向朱可夫发出了访美的邀请，朱可夫也欣然予以接受，可就在这时他突然患了一场大病，病愈之后已到冬季，所以他表示希望来春再去美国。然而到了第二年春天，苏联人已不再有兴趣派他去美国了。

朱可夫从莫斯科返回柏林后，继续履行苏占区最高军事行政长官的职责，致力于组织德国东部人民的社会生活、生产活动和国家生活，并不断取得了新的成就。

11月7日，艾森豪威尔应邀出席了朱可夫为庆祝十月革命节而在柏林举行的招待会，招待会结束后，两人对四方对德管制工作做了一般性的总结。他们认为，尽管存在矛盾和障碍，但他们在对德管制委员会中还是合作得很好的。这是朱可夫和艾森豪威尔在柏林进行的最后一次会晤，之后艾森豪威尔便应召回国任职了。

朱可夫（左）与艾森豪威尔（右）在列宁格勒

艾森豪威尔回国后，随着东西方冷战寒风的刮起和逐步升级，朱可夫在对德管制委员会内与英、美代表的关系开始日渐恶化。由于英、美两国都试图将原希特勒的部队和武器予以保留，以作为长远的反苏目的而重建西德军队的基础，所以朱可夫不得不根据有关国际协议，在英、美占领区内消除德国军国主义的军事经济潜力、根除法西斯主义和各种各样的纳粹团体、解除德军部队的武装等问题上，同英、美代表进行反复的斗争。

在担任苏联驻德最高军事行政长官期间，朱可夫在与西方盟国代表交涉时尽管经常处于"以一对三"的局面，但他的表现却又是有力和有节的。在与他们的合作与斗争中,他捍卫了苏联的利益,也显示了他长期以来为其军事才能所掩盖的外交才能。因而,这样的经历,既增加了他的外交经验,也进一步提高了他的外交能力。

相关链接:

雅克—3战斗机

雅克-3战斗机由苏联雅克设计局在雅克-1M的基础上设计开发,是苏联在二战后期制空性能最高的战斗机,常被认为是二战中最敏捷灵活的战斗机,机长8.5米,机高2.38米,翼展9.2米,空重2123千克,乘员1名,巡航速度560千米/小时,最大航程645千米,实用升限10700米,发动机为1部V型12汽缸活塞引擎,武备为1门20毫米口径机炮和两挺12.7毫米口径机枪。

雅克-3以金属结构为主,翼展照雅克-1有小幅缩短,整机也比雅克-1更小巧轻快,主要作为5000米高度以下的制空战斗机,最高时速可达650公里。

雅克-3于库尔斯克战役首度参战,并在低空展现出了优越的飞行性能。1944年雅克-3开始大量装备苏空军,当年7月,一个雅克-3中队18架飞机迎战30架德国Bf-109战斗机,共击落15架敌机,己方无一损失。由于表现优异,雅克-3一度被列入持续改良发展的计划。德国投降后,雅克-3有了进一步的发展,有近300架改进成为雅克-15喷射战斗机,雅克-15的诞生和量产标志着苏联迈入了喷射机时代。

此外,雅克-3还被改造为雅克-11教练机,并为很多社会主义国家采用为中高级教练机。

米格—3战斗机

米格-3战斗机由苏联米高扬-格列维奇设计局设计研制，系由米格-1战斗机改进而来，是苏联在卫国战争中使用的一种单座活塞式战斗机。第一架米格-3战斗机于1940年12月20日出厂，至翌年3月日产量达10架。苏德战争爆发时，苏联空军已经拥有了1200架米格-3战斗机。

从1942年春季开始，米格-3战斗机逐渐从苏军一线航空部队退出，转而配备防空部队。在量产停止后，由于零部件的通用性及良好的维护，米格-3战斗机仍旧频繁地执行作战任务。截至1942年5月，仍有130多架米格-3战斗机在军中服役，它们中的八成仍然具备作战能力。

斯大林重型坦克

该型坦克由苏联车里雅宾斯克工厂设计处设计研制，以苏联武装力量最高统帅约瑟夫·斯大林的名字命名，在卫国战争期间共发展了3个型号：IS-1、IS-2和IS-3，自1943年秋季至1945年6月，斯大林重型坦克总计生产了3752辆，其中以IS-2型居多。

1943年秋，车里雅宾斯克工厂的设计处设计制造出了第一批共3辆IS-1型重型坦克，其战斗全重44吨，车体装甲厚22—120毫米，使用12缸水冷式柴油机，功率377千瓦，最大时速37千米，坦克乘员4人，主要武备为1门85毫米口径火炮，备弹4种共71发，其曳光高速穿甲弹可在1000米的距离上击穿130毫米厚的垂直装甲，曳光穿甲弹可在1000米的距离上击穿102毫米厚的垂直装甲，此外另配备有辅助武器4挺机枪，其中3挺为12.7毫米口径机枪，备弹945发。

1943年10月31日，IS-2型重型坦克获准定型生产，该车战斗全重45

吨，炮塔装甲厚 30—102 毫米，车体装甲厚 25—90 毫米，发动机为 V 型 12 缸水冷式柴油机，功率 377 千瓦，最大时速 37 千米，最大行程 240 千米，乘员 4 人，配备 1 门 122 毫米口径火炮，发射曳光穿甲弹和杀伤爆破弹，备弹 28 发，其曳光穿甲弹初速 781 米/秒，可在 1000 米的距离上击穿 160 毫米厚的垂直穿甲，杀伤爆破弹最大射程 14.6 千米，辅助武器为 7.62 毫米并列机枪、7.62 毫米前机枪、7.62 毫米后机枪和 12.7 毫米高射机枪各 1 挺，7.62 毫米机枪备弹 2330 发，12.7 毫米高射机枪备弹 945 发。IS-2 型重型坦克共计生产 2250 辆。

为了对付德军的"虎Ⅱ"重型坦克，由杜克霍夫领导的设计组根据 T-34 中型坦克的装甲原理研发了 IS-3 型重型坦克，其最明显的特点就是装甲更厚，车体由轧制钢装甲制成，炮塔的前装甲达到了 230 毫米厚，且炮塔的防弹外形好。IS-3 型重型坦克于 1945 年 1 月正式装备苏军部队。

战后，IS-3 型重型坦克改进发展成为 IS-4 型重型坦克，采用功率 507 千瓦的发动机，加厚了车体装甲，配备 12.7 毫米并列机枪，并改进了悬挂装置，提高了战斗效能。IS-4 型重型坦克于 1946 年装备苏军部队。